여호와 하나님의 범죄

여호와 하나님의 범죄

ⓒ정경균 2015

2015년 04월 01일 1판 1쇄 인쇄
2015년 04월 01일 1판 1쇄 발행

지은이	정경균
발행인	이헌숙
편 집	MW (MAKE WONDERS)
Cover Design	박재철
발행처	생각쉼표 & (주)휴먼컬처아리랑
출판 등록	제 2009-000008호
등록 일자	2009년 12월 29일
주 소	서울특별시 영등포구 여의도동 45-13 코오롱포레스텔 309 • 문의 : 070) 8886-2220 • 팩스 : 02) 784-4111
E-mail	thethinkbook@naver.com
Homepage	www.휴먼컬처아리랑.kr
ISBN	979-11-5565-403-3

- 이 책은 생각쉼표 & (주)휴먼컬처아리랑과 저작권자의 계약에 의해 출판된 것이므로, 무단 전재 및 유포, 공유, 복제를 금합니다.
- 이 책 내용의 전부 또는 일부를 이용하려면 반드시 저작권자와 생각쉼표 & (주)휴먼컬처아리랑 서면 동의를 받아야 합니다.
- 잘못 만들어진 책은 판매처에서 교환해 드립니다.

여호와 하나님의 범죄

서울대 명예교수 정경균

Crimes of the Christian God

(주)휴먼컬처아리랑

추천의 말씀

추천인 이제희(목사, 신학박사)

"여호와 하나님의 범죄"라니 이야말로 누가 봐도 깜짝 놀랄 만한 사건이다. 전지전능 할뿐만 아니라 자비로우시고 절대 사랑이신 하나님의 범죄라니 믿기 어려운 일이다.

그럼에도 불구하고 나의 친구 정경균박사가 이런 극단적인 선언을 하다니 정말 믿기지 않는다 그는 조부모대로부터 기독교 가정이요 부모님도 장로, 권사의 독실한 크리스찬이요 본인도 유아세례출신으로 자라면서 고등학교 대학생시절 기독학생회 회장을 장기간 연임한 착실한 크리스찬이였다. 그런 그가 자신의 신앙의 주체이신 여호와 하나님을 범죄자로 고발하다니 언어도단이요. 크리스찬 뿐만 아니라 비 크리스찬 까지도 전율을 일으킬 정도로 놀라와 할 사건임이 틀림없다.

물론 나 자신도 일찍이 정박사와 신앙 토론을 하면서 구약성서를 보면 여호와 하나님의 무자비한 살인과 일반인들 까지도 용납할 수 없는 음란 행위가 열거된 구약의 이야기를 어찌 성서라는 이름의 정경(正經)에 끼워 넣을 수 있느냐는 항변에 마음 속으로 동의하고 있었고 구약의 스토리는 이스라엘 민족의 역사이지 그것을 정경으로 받아 들일 수는 없는 것이 아니냐 라는 생각을 해왔었다. 그런데 만인이 영원한, 독실한 기독교 신앙인으로 알고 있는 정박사가 자신의 신앙의 주체인 여호와 하나님을 범죄자로 단죄하고 고발하기 까지 에는 긴 시간을 두고 기도하고 연구하며 남모를 깊은 고민을 했으리라 사료된다.

세상에는 역사적으로 수많은 종교가 있고 종교마다 자기들의 신앙의 주체인 신이 있다. 그런데 각 종교는 그들의 신만이 절대, 보편적이고 궁극적인 신으로 단정하고 있다. 여기에 종교의 딜레마가 있다.

얼마 전 IS(Isramic State, 이슬람국가)들이 이라크 북쪽에 있는 천년 고도(古都) 님루드에 3천년전 아시리아 제국 시절부터 왕궁 앞을 지켜온 사람 얼굴에, 황소 몸둥이, 독수리 날개를 가진 높이 4미터 무게 14톤의 아시리아 제국의 수호신 라마수(Lamassu)가 있다. 스핑크스가 이집트 문명을 대표한다면 라마수는 메소포타미아 문명의 대표적인 상징이다. 그런데 그 창연(蒼然)한 역사를 지켜온 귀중한 유물, 그것은 이미 아시리아의 유물이 아니라 전 인류의 역사적 유물로 유네스코 세계 문화유산으로 등재해 놓은 것을 IS는 "우리가 파괴하는 것은 진정한 신을 믿지 않는 자들이 섬기던 우상(偶像)일뿐 우리의 신 알라는 (이슬람종교의 신) 우리에게 그것을 파괴하라고 명령한다"고 하면서 수십억의 가치, 아니 어떤 금액으로도 환산할 수 없는 귀중한 역사적 유산을 알라 신의 이름으로 무참히 파괴하고 있다. 이는 국제적 공분을 야기할, 천인공노(天人共怒)할 만행이다. 그러면서 뒤로는 그 유물들 대부분을 몰래 매매하는 추악한 범죄를 저지르고 있다. 우리는 IS의 알라 신을 온 인류가 보편적으로 인정하는 절대적인 신으로 인정할 수 없는 것처럼 여호와의 이름으로 살인하고 음행을 행하는 이스라엘민족의 구약의 신을 온 인류의 보편적이고 절대적인 하나님으로 인정할 수 없다. 정박사는 한발 더 나아가 오늘의 기독교가 교파를 만들고 다른 교파를 이단으로 단죄하고 살상하는 행위는 구약 여호와를 여전히 기독교 자신들의 하나님으로 섬기고 있기 때문이다. 이는 IS가 알라의 이름으로 인류의 역사적인 유산을 파괴하고 이스람 이외의 사람들을 총살하고 있는 만행과 무엇이 다른가 라고 격분하고 있다

그런 맥락에서 오늘 정경균박사가 이스라엘 민족사로 간주되는 구약의 여호와 하나님의 살인과 음란 이라는 범죄를 고발한 것은 당연한 정의로운 처사이다. 설령 그렇더라도 어느 누가 감히 그 여호와 하나님의 범죄를 만천하에 까발릴 수 있겠는가 그의 용기는 코페르니쿠스나, 마르틴 루터에 견줄만한 혁명적인 용기라고 하겠다. 정박사는 오늘 우리가 2천년이 지난 기독교를 넘어 올바

르고 새로운 신관, 참된 신앙을 가질 것을 권고하고 있다.

여호와의 어린이 집단학살, 왕들의 엄지발가락을 자르는 끔찍한 행위, 이스라엘 백성을 짐승의 밥으로 먹게 하고, 아들딸과 부모가 서로 잡아먹게 명령한 여호와를 오늘 우리가 원하는 자비로우시고 의로우신 사랑의 하나님으로 믿고 의지할 수 있겠는가.

오늘 우리는 새로운 신관, 새로운 종교관, 새로운 신앙을 고민해야 할 때라고 볼 때 이 책은 우리에게 새로운 세계로 이끄는 원동력으로 충분하다고 생각한다

예수님의 말씀이 기억난다."진리를 알지니 진리가 너희를 자유케 하리라"(요한 8;32)

고 소 장

고소의 제기

1〉 피고의 인적 사항

   1) 성명; 여호와 하나님

   2) 국적; 이스라엘

   3) 연령; 미상

   4) 직업; 종교 지도자

   5) 주소; 허공

2〉 피고의 죄명; 집단 학살 죄

3〉 범행 내용; 구약 성서에 낱낱이 기록 되어 있음

         (최소 1010 구절)

4> 구형 내용

1) 모든 사전과 문헌에서 <여호와 하나님>이란 명사를 삭제하고 공공연한 사용을 엄격 통제할 것

2) 기독교(신교, 구교)에서 사용하고 있는 모든 성서를 전부 회수하여 소멸하고 향후 재발행을 금지할 것

3) (경과조치) 현재 기독교를 신봉한다고 자처하는 신자 중 개종을 거부하는 모든 신자를 각국 국영 정신병원에 강제 입원시킬 것

4) 현재 하나님을 팔아서 생계를 유지하고 있는 직업인들을 위한 재활 직업 교육 프로그람을 강화하여 저들의 생계대책을 마련할 것

5) 전 세계에서 신학교를 폐교 조치하고 신규허가를 금할 것

6) 신학 박사 학위제도를 폐지할 것

7) 바티칸을 폐하고 거역하는 자는 가차 없이 무기징역 또는 사형에 처할 것

차례

추천의 말씀 4

고소장 10

제 1편

여호와하나님의 범죄에 대한 기록 Ⅰ

- 18 1. 서론
- 23 2. 첫 번째 살인
- 32 3. 두 번째 살인
- 36 4. 여호와의 어린이 집단 학살
- 42 5. 전염병과 들짐승 동원 인간 살상
- 45 6. 구약을 읽으려면 청심환은 필수
- 49 7. 심심하면 진노하는 여호와
- 53 8. 모세가 하나님 명령받고 집단 학살
- 61 9. 여호와가 이스라엘 군인 몰살
- 64 10. 살상 방법은 변함없이 그대로
- 70 11. 왕들의 엄지발가락을 자른 여호와
- 82 12. 여호와가 이스라엘 백성을 살육

제 2편

비공개 심층 세미나

- 90 　비공개 심층 세미나
- 106 　논문 1 : 여호와 하나님의 국적
- 122 　논문 2 : 구약 저자들이 고발하는 하나님의 범죄 기록
- 141 　논문 3 : 여호와 하나님의 어린이 집단 학살

제 3편

여호와 하나님의 범죄에 대한 기록 II

- 160 13. 여호와하나님의 집단 학살
- 169 14. 왕자들의 머리를 광주리에 담아
- 177 15. 매일 분노하는 하나님
- 181 16. 만군의 주 여호와의 진노
- 190 17. 창조주 하나님은 의학박사 제 1호
- 194 18. 자기 백성을 멸절한 여호와
- 197 19. 아들·딸과 부모가 서로 잡아먹게 명령한 여호와 하나님
- 202 20. 여호와 하나님이 이스라엘 백성들을 짐승의 밥으로 줘
- 205 21. 성경 주석은 진짜 엉터리
- 209 22. 에스겔서는 가장 살벌한 문서
- 214 23. 내가 칼과 기근과 사나운 짐승과 온역으로 이스라엘을 멸하리라
- 217 24. 이스라엘 백성의 시체로 거리를 채운 여호와하나님
- 221 25. 나 여호와의 칼이 날카로움은 살육을 위함이요
- 225 26. 주 여호와가 갈고리로 네 아가미를 꿰고
- 229 27. 사람들의 고기와 피로 짐승들을 초대해 파티를 연 여호와
- 234 28. 여호와께서 낚시로 끌고 가고 뱀에게 명하여 물게 하다
- 238 29. 사람들의 가죽을 벗기고 그 뼈를 꺾어 다진 여호와

에필로그

구약 연구 보고회 폐회식

243   1. 폐회사(이 장로) : 구약은 여호와 하나님의 범죄 기록이다. 성경이 아니다.

263   2. 폐회사(김 장로) : 구약은 여호와 하나님의 인간 살상 방법의 백과사전이다.

부록 1

여호와 하나님에 대한 재판

301   여호와 하나님 고소장 (William Schultz)

318   재 판

347   여호와 하나님에 대한 판결

부록 2

352   사도신경은 미신 중의 미신이다

388   참고문헌

Crimes of the Christian God

제 1편

여호와하나님의 범죄에 대한 기록 Ⅰ

서 론

1

김 장로 야! 오랜만이다. 지난번 동기 모임에서 만나곤 오늘 처음이다. 너 요새 뭐하냐? 왜 그렇게 보기가 힘드냐? 너 얼굴엔 웬 핏기냐?

이 장로 내 얼굴에 핏기가 보이냐? 너 눈이 밝구나. 말 말아! 난 요새 한판 붙고 있지.

김 장로 상대가 누군데?

이 장로 약간 좀 큰 놈이야. 난 시시한 조무래기하고는 안 싸워.

놀라지 마! 나의 상대는 자그마치 여호와하나님이란 작자다. 싸울 바엔 좀 큰 놈하고 싸우지.

조무래기들 하고 어쩌고저쩌고는 시시하지 않냐.

김 장로 뭘? 뭐라고? 너 정말 큰 일 날 놈이구나.

야! 너 평생 예수 믿은 놈이 십계명도 모르냐?

제 3계명에 하나님을 망령되이 일컫지 말라 하셨는데, 너 그러고도 벌 안 받고 멀쩡하냐?

두고 봐라. 너 정말 하나님이 그냥 안 놔둘걸. 이 친구 정말 큰 일 날 놈이구나.

이 장로 걱정 말아.

나도 실은 그게 겁나서 오래 전부터 여호와하나님이란 자가 인류 역사상 가장 악랄한 범인이라는 걸 알고도 날벼락 떨어질까 봐 은근히 겁이 나서 지금까지 미루어 왔지 뭐냐.

김 장로 날 벼락 떨어지는 걸 알면서 왜 미련하게 감히 여호와하나님한테 덤벼드냐? 너 정 말 돌았구나!

이 장로 나 말이야. 실은 「여호와하나님의 범죄」라는 제목으로 책 한 권 써서 전 인류를 2,000년 전 인간을 공갈 쳐서 꼼짝도 못하게 한 만화의 세계에서 21세기 대명천지로 인류를 해방시키는 운동을 하는 거야.

나 시시한 놈 아니다! 말하자면 신으로부터 인간을 해방시켜야겠다, 그거야.

김 장로   너 진짜 듣자듣자 하니 정말 돌았구나.

이 장로   지금은 네 입장이 대세지. 다 너같이 생각하니까.

김 장로   야, 이놈아.

너 도대체 그런 엉뚱한 싸움은 왜 시작했는데.

세상에 할 일이 얼마나 많은데 질게 뻔한 싸움을 왜 시작하냐? 너 답지 않구나.

친구들이 다 너는 똑똑한 놈으로 아는데 네가 그런 허튼 소리 하면 너 돌았다 할 텐데.

이 장로   지금으로선 다 그렇게 생각 하겠지.

그러나 두고 보게나. 너희들이 나를 똑똑한 놈으로 인정한다면 나 하는 짓도 인정해야지.

김 장로   야, 이놈아! 도대체 너 하나님한테 왜 화가 났는데?

이 장로   너도 평생 예수 믿은 놈이니까 신구약 성경 많이 읽었을 거 아니냐?

김 장로   그래, 평생 읽었지.

이 장로   너 눈 뜨고 읽었냐?

김 장로   야, 책 읽는 놈이 눈뜨고 읽지 눈 감고 읽냐?

이 장로   너 안과 가봤냐?

김 장로   오. 나 단골 안과 있는데 멀쩡하다는데.

이 장로   그 안과 의사도 예수 믿냐?

김 장로   믿는가봐.

이 장로   그러니까 그렇지.
그가 예수 안 믿는 의사라면 너 성경 읽을 때 눈 뜨고 읽으라고 처방했을 텐데.

김 장로   근데 네가 되게 화가 나있는 걸 보니 하나님이 뭔가 잘못한 게 있긴 있는 모양인데, 그게 뭔데?

이 장로   한 두 가지면 내가 화도 안 내. 구약의 저자들이 기록해 놓은 것만도 자그마치 1010가지나 돼.

김 장로   아니, 하나님이 그렇게 죄를 많이 지었단 말이냐?! 도대체 어떤 죄들인데?

이 장로   천 가지가 넘는 걸 여기서 어떻게 다 얘기 하냐?
시간을 두고 내가 몇 가지씩 얘기해 줄게.
너 앞으로 시간 좀 내.

김 장로   야! 그런 얘기 듣는 것만으로는 지옥 가지 않겠지?
하나님 못 듣게 조용조용히 얘기 해 봐. (야아~실은 들

　　　　　는 것도 은근히 겁이 좀 나긴 나는데..)
이 장로　너 다음부턴 우리가 만날 땐 늘 성경 가지고 나와.
　　　　　창세기부터 차근차근히 얘기해 줄게. 말리기까지 다 검토하려면 시간깨나 걸릴 거다.
　　　　　적어도 1,010구절을 검토해야 하니까. 지루하지 않게 우리 둘이 재미있게 얘기하는 식으로 풀어 나가고, 좀 어려운 대목은 목사님 두 분 모셔서 여쭤 보고.
　　　　　좀 더 어려운 게 나타나면 유명한 교수도 몇 명 모셔서 대화하노라면 절대로 지루하지 않게 성경책 한권 다 읽는 셈이 된단다.

　　　이상이 이 책의 서론입니다.
대화 내용을 보면 이 책이 어떤 책인지 짐작이 되리라 생각됩니다. 여호와하나님의 범죄 행위가 너무 너무 끔찍하고 악랄해서 다소나마 중화하기 위해서 대화체로 이 책을 엮습니다.
서론부터 이 책의 특징을 살려서 대화식으로 시작합니다.

첫 번째 살인

2

이 장로   야, 너 지구상에서 첫 번째 살인이 언제 어디서 일어났는지 아냐?

김 장로   성경에 뭐 그런 것도 나오냐? 어떤 사연인데?

이 장로   말도 말아. 하나님의 친 손자인 가인이 지 동생 아벨을 에덴동산에서 죽였단다.

김 장로   그건 나도 알아. 아마 그 놈 지옥 갔겠지.

이 장로   지옥 좋아 하시네. 하나님의 친손자인데 지옥 보내냐?

가인이 하나님한테 무릇 나를 만나는 자가 나를 죽이겠나이다(창4;14) 하니, "여호와께서 그에게 이르시되 그렇지 않다. 가인을 죽이는 자는 벌을 칠 배나 받으리라 하고 가인에게 표를 주사 만나는 누구에게든지 죽임을 면케 하시니라."(창4;15) 이런 거란다.

김 장로 야, 빽이 좋긴 좋구나. 나도 무슨 일 생기면 하나님한테 빽 좀 쓸 수 있냐?

이 장로 넌 꿈도 꾸지 마. 네가 하나님 손자냐?

김 장로 야, 근데 거 좀 이상하다.
가인이라면 그 당시 사람이란 아담, 이브, 가인 셋뿐인데 무슨 사람들이 어쩌고저쩌고, 칠 배나 벌을 주구 어쩌고저쩌고.

이 장로 야, 그런 엉터리 얘기가 구약에 꽉 찼단 말이다.
그런 거까지 따지면 골치 아파. 살인 얘기 하나만 더 할게. 아담의 6대 손자 라멕이란 자가 어른과 소년까지 죽였단다(창4;23). 이 자는 노아의 아버지란다.
이 잔 또 지구상에서 처음으로 마누라를 둘이나 둔 축첩 제1호지.

김 장로 그 놈도 하나님이 봐 주었겠네?

이 장로 그렇다고 볼 수 있지.

　　　　왜냐하면 그에게 노아라는 유명한 아들을 주었으니까.

김 장로 그래?!

　　　　돌아가는 꼴이 개판이구나. 그것들은 사람들의 살인죄 애기고, 하나님 애기 좀 해 봐.

이 장로 그래. 말하기가 좀 소름이 끼치는데, 하나님의 첫 번째 범죄는 소위 노아 홍수라는 인류 대학살이라는 범죄 행위를 꼽지.

김 장로 야, 그게 왜 하나님의 범죄란 말이냐?

　　　　사람들이 너무 타락해서 하나님이 벌 준건데 그게 왜 죄가 되냐? 그 전에 내가 책 읽은 게 생각나는데, 온 인류와 우주만물은 하나님이 만든 것, 즉 모두 하나님의 소유이기 때문에 그 주인이 맘대로 한 거기 때문에 인간들이 따지면 안 된다고 신학 박사들이 애기했던데.

이 장로 신학 박사 좋아 하네.

　　　　대학 못 가니까 가는 데가 신학교라고 국제대백과사전에 적혀 있던데. 그런 돌대가리들이 인간성(humanity)이 뭔지, 생명의 가치가 뭔지 알기나 하겠어?

　　　　거저 성경에 적혀있는 것은 뭐나 다 진리라고 굳세게

믿고, 인간을 하나님의 소유물, 즉 인간이나 짐승이나 물건이나 다 같은 하나님의 소유물의 하나라는 저속한 개념, 2,000년 전 만화 시대의 사고방식을 그대로 가지고 있기 때문에 고작 고런 생각밖에 못하는 거란다.

김 장로 그러고 보니 예술가들이 작품 만들다가 마음에 안 들면 몽땅 꾸겨 망가뜨리는 버릇이 거 하나님한테 배운 짓이구나.

이 장로 그렇다고 볼 수 있지.
너 머리 좋구나. 그걸 다 상상하게. 근데 말이야. 이 홍수 사건을 놓고 슐쯔라는 미국의 형법학자가 하나님을 뉘렌버그 전범재판소에 국제법 위반죄로 고소한 일도 있어.

김 장로 뭐? 그 옛날 일을 가지고 지금도 재판이 되냐?

이 장로 뉘렌버그 헌장에 따르면 반인도적 범죄는 공소시효가 없다고 규정해 놓고 있지.
실은 히틀러도 이 법정에 제소 됐었는데 미리 자살했고, 2차 대전을 일으킨 일본의 천황은 신적 지위에서 인간으로 끌어내려 놓고 재판 했단다.

김 장로 그럼 하나님도 인간의 위치로 내려놓고 재판했나?

이 장로   무신론자들의 주장을 받아드려서 범인 부재 상태서 재판한다고 못을 박았더군.
말하자면 신자들 좀 똑똑히 알라는 경고인 셈이지.

김 장로   죄목이 뭔데?

이 장로   노아 홍수에 의한 전 생명의 몰살 죄를 비롯해서 아홉 가지 죄목을 적시한 재판이지.

김 장로   그럼 하나님이 아홉 가지 죄 만 지었다는 건가?

이 장로   아니 그런 건 아니고, 죄가 많지만 슐쯔는 신학자가 아니기 때문에 성경 전체는 모르고 브래들리(BRADLEY) 교수의 논문에서 그 아홉 가지 범죄만을 전제로 고소한 사건이지.

김 장로   자네가 고소는 하나님의 죄목은 몇 가지나 되는데?

이 장로   천 가지가 넘어. 그래서 시간을 좀 두고 얘기를 하자는 거야.

김 장로   노아 홍수가 거 말 뿐이지, 진짜라는 근거가 어디 있어? 어떻게 전체 생명을 몽땅 죽이냐?

이 장로   창세기 6장 5절에서 7절까지 하나님이 직접 얘기한 근거가 있단 말이야.

"여호와께서 사람의 죄악이 세상에 가득 참과 그 마음

의 생각의 모든 계획이 항상 악할 뿐임을 보시고(5절), 땅 위에 사람 지으셨음을 한탄하사 마음에 근심하시고(6절), 가라사대 나의 창조한 사람을 내가 지면에서 쓸어버리되 사람으로부터 육축과 기는 것과 공중의 새까지 그리 하리니 이는 내가 그것을 지었음을 한탄함이니라 하시니라."

김 장로 들고 보니 하나님 진짜 악질이구나!
근데 그 많은 신학 박사들은 이걸 뭐라 변명하고 하나님을 계속해서 존경만 해오고, 인간의 편은 왜 전혀 안 들어 주고 있나?

이 장로 그러니까 돌대가리라 하지 않냐?
그들은 지금도 천 년 전 교과서 가지고 배우고 있으니까 인간성의 회복이 불가능한 것이지.

김 장로 근데 하나님은 전지전능하다고하지 않냐?
어떻게 그런 하나님이 지구상의 꼴이 그 꼴이 되도록 내 버려두었으며, 왜 고치고 회개시켜서 살려 둘 생각을 안 하고 몽땅 죽이고 마냐?

이 장로 바로 그런 게 하나님이란 말이다.
네가 아까 얘기했지 않냐. 몽땅 제 것이니까 기분 나쁘

김 장로   다고 다 족쳐 버린 거지.

김 장로   하나님이 그토록 몽땅 죽여 버렸으니까 그 후론 죄를 더 지을 대상이 없어진 셈인데 웬 놈의 죄가 천여 가지나 된단 말이냐?

이 장로   노아 홍수 후에 하나님은 또 노아 가족에게 축복했지. "하나님이 노아와 그 아들들에게 복을 주시며 그들에게 이르시되 생육하고 번성하여 땅에 충만하라"(창 9;1) 그 뿐 아니야.

그는 또 "내가 너희와 언약을 세우리니, 다시는 모든 생물을 홍수로 멸하지 아니 할 것이라. 땅을 침몰할 홍수가 다시 있지 아니함이라(창9;11)." 그리고 "하나님이 노아에게 또 이르시되 내가 나와 땅에 있는 모든 생물 사이에 세운 언약의 증거가 이것이라 하셨다(창 9;17)." 그래서 그 후에도 인간이 많이 늘어 난거야.

김 장로   아니, 그렇게까지 언약을 해 놓고 그 후에도 끔찍한 만행을 계속 했지 않냐? 하나님은 정말 거짓말쟁이구나.

이 장로   그래서 하나님이 인간과 언약한 것을 파기한 것 자체도 뉘렌버그 헌장에 저촉되기 때문에 슐쯔 박사가 이것도 죄목으로 지적했지. 평화조약 일방적 파기죄에 해당

된대.

김 장로   그래서 하나님은 그 때 처벌을 받았나?

이 장로   엄청난 처벌을 받았지. 그런데도 크리스챤들은 눈알 한 개 까딱 안하지.

김 장로   그딴 재판 하나마나구만.

이 장로   그 끔찍한 집단 학살 애긴 여기서 좀 쉬고, 하나님이 인간들을 놓고 못된 장난 친 일도 있단다.

김 장로   그건 또 뭔데?

이 장로   창세기 11장 1절을 보면 "온 땅이 구음이 하나요, 언어가 하나이었더라."고 돼 있는데, 11절에 보면 "여호와께서 온 땅의 언어를 혼잡케 하였음이라," 인간들이 서로 의사소통을 못하게 만든 거야.

김 장로   거 진짜 못된 놈이구나. 그건 뉘렌버그 헌장에 위배되지 않나?

이 장로   몰라. 그런 애긴 없어. 그 밖에도 구약을 자세히 보면 하나님은 정말로 공작새 보다 더 요랬다 저랬다, 인간을 놓고 장난 엄청 쳤단다.

앞으로 찬찬히 애기해 보자꾸나.

도대체 믿을 놈이 못 돼. 창세기 13장 15절과 16절에서는 "보이는 땅을 내가 너와 네 자손에게 주리니 영원히 이르리라." 해 놓고는 또 금방 그 15장 13절에서는 "여호와께서 이르시되 정녕 알라. 네 자손이 이방에서 객이 되어 그들을 섬기겠고, 그들은 400년 동안 네 자손을 괴롭히게 하리니"라 하고는 또 금방 숨 한 번 쉴 짬도 없이 그 18절에서는 "그 날에 여호와께서 아브람으로 더불어 언약을 세워 가라사대 내가 이 땅을 애굽강에서 부터 그 큰 강 유브라데까지 네 자손에게 주노니," 비단 이 뿐만 아니고 구약을 다 읽다 보면 꼭 주정뱅이 술주정을 보는 것 같을 때가 많단다.

김 장로　너 지금 성경 얘기 하는 거냐, 술주정뱅이 얘기 하는 거냐? 도무지 종잡을 수가 없구나.

이 장로　우리 지금 성경 공부하고 있는 거 아니냐? 눈 감고 읽는 게 아니고, 눈 뜨고 읽으면 성경이라는 게 이렇게 뒤죽박죽이다, 이런 얘기다.

김 장로　그런 걸 가지고 신학 박사들 박사 따느라 고생깨나 했겠군.

두 번째 살인

3

이 장로   이번에는 또 여호와하나님의 두 번째 범죄에 해당하는 대량 학살에 대한 얘기를 할 차례다. 그게 바로 그 유명한 소돔과 고모라에 대한 형벌인데.

김 장로   또 막무가내로 막 죽여 버린 거야?

이 장로   창세기 18장을 보면 아브라함과 하나님이 흥정을 했더군. 하나님이 소돔과 고모라를 다 족치려고 하는 눈치를 알고 아브라함이 "주께서 의인을 악인과 함께 멸하시려나이까?"(창18;23)하고 "주께서 이같이 하사 의인을 악인과 함께 죽이심은 불가하오며 의인과 악인을 균등히 하심은 불가하나이다. 세상을 심판하시는 이가 공의를 행하실 것이 아니니이까?"(25절) 했더니 여기서부터 이 둘 사이에서는 흥정이 벌어졌더군.

김 장로 무슨 흥정인데?

이 장로 처음엔 여호와가 의인 50명만 내놓으면 멸종을 면케 하겠다고 한 것으로부터 45인으로 내리고, 또 40명으로 흥정하다가 그도 안 되니까 30명, 20명, 10명, 결국 의인 다섯 명이 없어서 드디어 소돔과 고모라를 싹쓸이 한 거지. "여호와께서 하늘 곧 여호와에게 로서 유황과 불을 비같이 소돔과 고모라에 내리사(창19;24)", "그 성들과 온 들과 성에 거하는 모든 백성과 땅에 난 것을 다 덮어 멸하셨더라.(25절)" 이렇게 하나님은 또 한 번 엄청난 학살을 단행한 거지.

김 장로 야, 거 그래 놓고 하나님도 좀 울었겠구나.

이 장로 눈물 좋아하네.
　　　　하나님은 성경 다 뒤져봐도 눈물 한 방울 흘렸다는 기록이 없단 말이다.

김 장로   거 정말 지독한 놈이구나.

이 장로   너도 이젠 막 하나님한테 그 놈, 저 놈 하는 구나. 대담해졌구나.

김 장로   지금까지 애길 듣자듣자 하니 너무 화가 치밀어서 나도 모르게 그렇게 되네 그려.

이 장로   이번엔 또 뉘렌버그 헌장 애기 잠깐 한 토막 하고 넘어가야겠다.

그 헌장에 보면 자기 자신이 범하지 않고 남이 그렇게 하도록 돕거나 방관하고 또 재물이나 기르는 짐승을 약탈하는 것도 범죄에 속하는데 말이야, 창세기 34장 25절 이하 30절까지를 보면 야곱의 두 아들이 세례를 안 받았다고 한 성읍을 습격해서 모든 남자를 죽이고, "양과 소와 나귀와 그 성에 있는 것과 들에 있는 것과 그 모든 재물을 빼앗으며, 그 자녀와 아내들을 사로잡고 집속의 물건을 다 노략질 하니라. (창34;25~30)" 이게 다 하나님의 묵인 내지 명령에 의해서 저지른 범죄 행위란다.

김 장로   야, 거 듣다보니 일제 때 일본놈들이 우리한테 한 짓과 같구나.

이 장로   그런 셈이지. 여기서 잠깐 토막 애기 하나 하고 넘어가야겠다. 뭔가 하면, 하나님은 인류를 몽땅, 성읍을 몽땅 집단 학살만 한 게 아니고, 별 것 아닌 것 같은데 개인들도 심심하면 죽인단다.

창세기 38장에서 보면(7절) "유다의 장자 엘이 여호와 목전에 악하므로 여호와께서 그를 죽이신지라." 그래서 "유다가 오난에게 이르되 네 형수에로 들어가서 남편의 아우의 본분을 행하여 네 형을 위하여 씨가 있게 하라."고 했는데 오난이 제 형수가 아이를 못 낳게 하려고 "땅에 설정하니라(질외 사정)."(이 후로 질외 사정을 성경학자들은 오난이즘이라 함) 그 10절에 보면 "그 일이 여호와 목전에 악하므로 여호와께서 그도 죽이시니" 이렇게 한 명씩 살인도 했지.

그런데 말이지 하나님은 도무지 종잡을 수 없는 자란 말이다. 왜냐하면 레위기 20장 21절에서는 "누구든지 그 형제의 아내를 취하면 더러운 일이라."고 제 입으로 말해 놓곤 오난에겐 또 형수하고 하라고?! 이제 여기서 창세기 애긴 이만 해두고 잠깐 쉬었다가 다음으로 넘어가지.

여호와의 어린이 집단 학살

4

이 장로   다음 차례로 출애굽기 공부인데, 12장에 보면 "밤중에 여호와께서 애급 땅에서 모든 처음 난 것, 곧 위에 앉은 바로의 장자로부터 옥에 갇힌 사람의 장자까지와 생축의 처음 난 것을 다 치시매"(29절), "그 밤에 바로와 그 모든 신하와 모든 애급 사람이 일어나고 애급에 큰 호곡이 있었으니 이는 그 나라에 사망치 아니한 집이 하나도 없음이었더라"(30절)고 적혀 있거든.

원래 리 스트로벨(LEE STROBEL)이 쓴 「THE CASE FOR FAITH」라는 책을 보면 미국의 신학박사들 사이에 친 기독교학자들과 반기독교 학자들 간에 가장 첨예한 논쟁의 하나가 바로 이 명제, 즉 왜 하나님이 그 천진난만한 어린이들을 무수히 집단 학살하였단 말이냐! 그런 하나님을 어떻게 숭배한단 말이냐 하는 논쟁이지. 구약 속에 순전히 하나님이 어린이를 집단 학살한 기록이 자그마치 78 구절이나 되거든.

김 장로 그래?

그럼 친기독교 신학자들은 뭐라고 변명하는데?

가만 있자. 이건 우리 교회 목사님한테 물어 봐야겠다.

(전화를 건다.)

목사님! 안녕하세요. 저 김 장로입니다. 한 가지 중요한 궁금증이 있어서 전화를 드렸는데요. 저 요새 동창생 친구하고 성경 공부를 좀 하고 있는데요, 구약에 보니까 여호와하나님이 천진난만한 아이들, 지어 젖먹이들까지 집단적으로 학살을 했던데 그건 죄가 안 되나요? 그건 왜 그랬나요?

박 목사 기독교의 공식 입장은 이렇습니다.

즉 가만 놓아두면 그들이 성장해서 이 타락한 세상에 역시 물들어서 지옥 갈 것이 뻔하기 때문에 미리 데려가는 은혜를 베풀었다는 거지요.

김 장로   그러면 하나님은 전 세계 어린이들에게 똑 같은 은혜를 베풀었는가요?

박 목사   그런 게 아니고 오직 이스라엘과 애굽의 어린이들에게만 그런 은혜를 베풀고, 그 밖의 다른 나라 어린이는 한 명도 안 건드렸어요. 왜냐하면 하나님은 오직 이스라엘의 하나님일 뿐이고, 이 지구의 다른 나라하고는 전혀 관계가 없어서 그랬다는 해석도 있지요.

개그 김   그러면 왜 전 세계 기독교인들이 하나님을 "아버지, 아버지" 하나요?

박 목사   글쎄요. 그건 나도 미처 생각을 못해 봤는데 후일 내 친구 목사하고 좀 얘기를 해봐야겠네요.

김 장로   목사님 감사합니다. 우리가 공부해 나가다 궁금한 게 있으면 또 좀 여쭤 봐도 좋을까요?

박 목사   물론이지요.
그런데 너무 어려운 질문은 당장 답변을 못 드리더라도 내 친구 목사들도 많으니까 그들에게 물어서라도 답변해 드릴게요.

김 장로   야! 우리 교회 목사님한테 물어봤더니 그건 학살이 아니고, 그냥 놓아두면 세상 죄에 물들어서 후일 지옥 갈까봐 미리 천국으로 데려가는 은혜를 베풀었다는 거라는 구만.

이 장로   야! 너 그걸 말이라고 믿냐?

김 장로   글쎄, 변명치곤 좀 궁색해 보여. 그리고 왜 하나님을 전 세계 기독교인들이 아버지, 아버지 하는가 하고 물어 봤더니 그건 목사님 자신도 미처 생각 못해 봐서 후일 동료 목사에게 물어 봐서 가르쳐준댔어.

이 장로   그 자들은 성경을 눈을 감고 보니까 남의 할아버지를 갖고 아버지, 아버지 하는 거지. 마치 외국 사람들이 우리 단군 할아버지를 아버지, 아버지 하는 거나 똑 같이 웃기는 얘기야.

김 장로   그러니까 예수 믿는다는 사람들 좀 생각할 바가 많구먼.

이 장로   하나님한테서 이런 어린이 집단학살 행위를 배워 가지고 바로라는 왕은 "히브리 여인을 위하여 조산할 때에 살펴서 남자이거든 죽이고 여자이거든 그는 살려 두라. (출1;16)", " 그러므로 바로가 그 모든 시민에게 명하여 가로되 남자가 나거든 너희는 그를 하수에 던지고, 여자이거든 살리라 하였더라. (출16;22)" 이처럼 하나님이 한 범행을 그대로 배운 것이지.

김 장로   출애굽기에는 그런 얘기가 그거 다냐?

이 장로   또 있지.

하나님이 택한 모세도 집단 학살을 했단다. 출애굽기 32장을 보면 (27절) "모세가 그들에게 이르되 이스라엘의 하나님 여호와께서 이같이 말씀하시기를 너희는 각각 허리에 칼을 차고 진 이 문에서 저 문까지 왕래하며 각 사람이 그 형제를, 각 사람이 그 친구를, 각 사람이 그 이웃을 도륙하라 하셨느니라."

그래서 "레위 자손이 모세의 말대로 행하매 이 날에 백성 중에 삼천 명 가량이 죽인 바 된지라." (28절)

김 장로   가만 있자. 야, 거 좀 이상하구나.

아니 왜 하필이면 제 형제를, 제 친구를, 제 이웃을 죽이라고 했지? 원수나 적국 사람을 죽이라는 것도 아니고.

이 장로   그러니까 여호와와 그 심복들이 잔인무도하다는 말이지. 너 하나님의 공갈 한 번 들어 볼래?

"나의 노가 맹렬하므로 내가 칼로 너희를 죽이리니 너

희 아내는 과부가 되고, 너희 자녀는 고아가 되리라"(창22;24).

소름 끼치지?

김 장로   야, 이쯤해서 좀 쉬자. 너무 무서워서 원.

전염병과 들짐승 동원 인간 살상

5

이 장로 여호와하나님이 인류를 죽인 방법이 근 50가지 정도 되는데 레위기에 들어오면서부터 슬슬 몸서리치는 살상 방법이 하나 둘 나타나기 시작하고 있어.

레위기 26정을 보면 "내가 이같이 너희에게 행하리니, 곧 내가 너희에게 놀라운 재앙을 내려 폐병과 열병으로 눈이 어둡고 생명이 쇠약하게 할 것이요, 너희의 파종은 헛되리니 너희의 대적이 그것을 먹을 것임이며,(16

절)"

김 장로   야! 잠깐, 하나님이 폐병과 열병을 고쳐줄 생각은 않고, 오히려 그런 무서운 전염병을 퍼뜨렸단 말이냐?

이 장로   그렇지. 그 뿐 아니야.

이번엔 또 들짐승을 동원해서 인간들, 그것도 남이 아니고 자기 백성이라 하는 이스라엘 백성들을 물어뜯어 죽게 한단다. "내가 들짐승을 너희 중에 보내리니, 그것들이 너희 자녀들을 삼키고, 너희 육축을 멸하며, 너희 수효를 감소케 할지라. 너희 도로가 황폐하리라.(22절)

김 장로   야 그 자가 거 못된 짓은 다 하는구나.

이 장로   좀 더 들어 봐.

이번엔 또 칼을 들고 나오지. "내가 칼을 너희에게 가져다가 너희의 배역한 원수를 갚을 것이며, 너희가 성읍에 모일지라도 너희 중에 염병을 보내고, 너희를 대적의 손에 붙일 것이며..(25절)

김 장로   오늘 너하고 얘길 나누기 위해서 나도 집에서 레위기를 좀 읽고 나왔는데, 하나님이 이스라엘 백성을 식인종으로 만들었더구나. 레위기 26장 29절에 적혀 있던데, "너희가 아들의 고기를 먹을 것이요, 딸의 고기를 먹을 것이며" 이런 구절이 있는 거 너 본 일 있냐?

이 장로   나도 읽은 적이 있어.

근데 또 이상한건 말이야, 이스라엘 백성은 분명히 여호와하나님의 백성이라고 잔뜩 강조 하면서도 한 편으로는 이스라엘을 망하게 하는 일도 자주 한단다.

레위기 26장 38절엔 "너희가 열방 중에서 망하리니, 너희 대적의 땅이 너희를 삼킬 것이라" 하면서 자기 백성을 보호하기는커녕 적국에 내어 주기도 하거든.

정말 모를 일이야.

구약을 읽으려면 청심환은 필수

6

이 장로   어이, 김 장로.
          자네 참 혹시 고혈압이나 심장병 같은 거 없나?
          왜냐하면 구약은 읽으면 읽을수록 여호와하나님의 악랄한 범죄가 점점 더 잔인하고 끔찍하다는 걸 느끼기 때문에 실은 지금까지 기독교의 목사나 신부나 교인들은 눈을 감고 무슨 뜻인지 음미할 생각은 안 하고 무턱대고 성경이니까 은혜롭다고 전제하고들 읽기 때문에 아무런 문제가 없었지만, 우리같이 이렇게 꼬치꼬치 눈 말짱하게 뜨고 읽으려면 혈압이 엄청 올라가고 맥박도 빨라지고, 심장 약한 사람은 가슴이 뻐근해 오는 느낌도 가지게 된단다. 그래서 내가 오늘 우환청심환 중국제 두 병을 준비해 왔어. 한 병은 네가 가지고 있다가 다음부턴 우리가 만나서 성경 얘기 할 때는 꼭 한 알씩 먹도록 해.

실은 성경 공부 시작할 때 처음부터 이 약을 미리 자네한테도 주었어야 했는데 미안하게 됐어. 난 버릇이 돼서 성경 읽을 땐 꼭 우황청심환 한 알을 30분 전에 먹곤 하거든. 난 고혈압도 좀 있고, 나이가 들면서 심장도 자신할 수준이 아닌 것 같아서.

김 장로 고맙다. 넌 참 용의주도한 놈이구나.

실은 나도 슬슬 혈압이 좀 이상해지는 느낌을 가지게 되거든. 네 말마따나 그 숱한 기독교 목사와 신부들은 물론 그 많은 신자들이 성경 읽다가 고혈압이나 심장병으로 죽었다는 말은 지금까지 한 번도 못 들어 봤는데, 그들은 모두 하나님이 보호해 줘서 무사한가보지.

이 장로 모르시는 말씀.

그런 게 아니고 성경은 세계에서 가장 베스트셀러지만

이 장로	성경은 가지고만 다니는 거지 읽는 책은 아니라는 거란다. 저 미국의 유명한 부흥강사 빌리그라함과 신학교 동기생으로서 함께 목사안수 받고 부흥 강사로 같이 활동하다가 모처럼 틈을 얻어서 구약을 드디어 차곡차곡 읽어 보고는 환장을 해서 반기독교의 선봉장이 된 사람인 찰스 템플턴(Charles Templeton)이 실토한 얘긴데, 신학박사 받을 때까지도 구약을 몽땅 자세히 읽을 기회는 단 한 번도 없었다는 거야.
김 장로	그러고 어떻게 목사 되고 신학 박사 되고 성경학 박사가 되냐?
이 장로	학교에서 숙제와 시험 문제로 나오는 것만 달달 읽으면 되고, 신학교 교재는 천 년 전 꺼나 오늘 날 꺼나 그게 그거니까 별로 신경 쓸게 없다는구먼.
김 장로	그 말이 맞는 것 같아. 나도 평생 예수 믿고 장로까지 되었지만 교회에서 주보에 적어 준 구절이나 슬금슬금 읽었으니까 성경 속에 이런 끔찍한 여호와의 범죄가 기록된 걸 한 글자도 읽어 본 기억이 없어.
이 장로	목사들이 주보에 그런 걸 어떻게 적어 주냐?

그런 구절들은 살살 피해가면서 은혜롭다고 둘러 댈 수 있는 구절만 가지고 목사나 신부들이 밥 먹는 거야.

그리고 그 사람들은 그런 끔찍한 구절들이 나오면 눈을 찌이익 감고 못 본 척 하고 넘어가곤 하지.

왜 그랬을까 하고 의문을 품을 생각도 안 하지. 성경은 일획 일 자도 의심하면 지옥 가니까.

김 장로   그랬구나.

그래서 목사나 신부들이 성경 읽을 때 우황청심환 먹는다는 말 한 번도 들어 본 일이 없지.

우리야 말로 철저히 한 알씩 미리 먹고 만나야 되겠다. 이제 우리 어디 공부할 차례지?

심심하면 진노하는 여호와

7

이 장로 공부하다 보니까 벌써 민수기 까지 왔네.

근데 말이야, 여호와는 심심하면, 걸핏하면 "진노하는 게" 취미인가 봐.

민수기 11장에서 보면 "백성이 여호와가 들으시기에 악한 말로 원망하매, 여호와께서 들으시고 <진노하사> 여호와의 불이 그들을 태우고, 그들의 캠프 밖의 주변을 사르게 하시매(1절).

김 장로   이 봐, 이 장로. 혹시 우리 애기 여호와가 듣고 진노하면 어떡하지.

난 사실 아직까지 은근히 겁이 좀 난단 말이다.

이 장로   너 정말 겁쟁이구나.

하기야 수십 년을 믿어왔으니까 몸에 밴 공포감이지.

힘 좀 내! 민수기 14장에서는 또 내가 전염병으로 그들을 쳐서 멸하고 (12절), 너희 시체는 이 광야에 엎드려질 것이요 (32절), 너희 자녀들은 너희의 패역한 죄를 지고 너희의 시체가 광야에서 소멸되기까지 사십년을 광야에서 유리하는 자가 되리라고 그 애들한테까지 벌을 준 거지.

김 장로   그러고 보면 하나님은 연좌제 입장이구나.

지금 문명세계에서는 연좌제라는 거 없어졌잖아. 참, 북한에는 그게 철저하지. 그러고 보면 김일성 일가가 그런 못된 짓을 여호와하나님한테서 배운 거 아니야?

이 장로   글쎄, 자네 말 듣고 보니 그런 것도 같네. 여러 책자를 보면 히틀러 등 집단 학살범이나 전쟁 범죄자들이 모두 하나님 명령이라고 합리화하면서 전쟁도 벌이고, 대학살도 자행했다는 기록이 한두 가지가 아니더군.

김 장로   나쁜 놈들 온갖 못된 짓 다 해놓고 하늘이 멀리 있어서 못 보는 줄 알고 여호와하나님한테 몽땅 뒤집어씌우는 거 아니야?

이 장로   전쟁 범죄, 집단학살 등 못된 짓을 한 놈들이 모두 하나님한테 그 원인을 돌리는 걸 보면 여호와하고 전혀 무관한 것도 아닌 것 같아.

근데 옛날 이스라엘 사람 중에도 연좌제가 억울하다고 하나님한테 항의한 일도 있더구나. "그 두 사람이 엎드려 가로되 하나님이여 모든 육체의 생명의 하나님, 한 사람이 죄를 범하였거늘 어찌하여 온 회중에 진노하시나이까. 이런 기록도 있지.

김 장로   그래 하나님이 그 말을 들어 주었어?

이 장로   어림도 없지. "여호와께서 새 일을 행하사 땅으로 입을 열어 이 사람들과 그들의 모든 소속을 삼켜 산채로 음부에 빠지게 하시며, 이 모든 말을 마치는 동시에 그들의 밑의 땅이 갈라지리라"(30~31절), 이어서 그 뒷 구절들(32~35절)을 보면 "땅이 그 입을 열어 그들과 그 가족과 고라에게 속한 모든 사람과 그 물건을 삼키매, 그들과 그 모든 소속이 산채로 음주에 빠지며", 이런 것들을 "여호와께로서 불이 나와서 분향하는 이백오십 인을 소멸하였더라."는 기록도 있단다.

김 장로   듣고 보니 화장법도 하나님이 만든 것이로구먼.

이 장로   놀라지 마.

이번엔 또 여호와가 딴 방법을 동원하고 있어.

"여호와께서 불뱀들을 백성 중에 보내어 백성을 물게 하시므로 이스라엘 백성 중에 죽은 자가 많은지라"(민수기 21장 6절). "이에 그와 그 아들들과 그 백성을 다 쳐서 한 사람도 남기지 아니하고 그 땅을 점령하였더라."(35절)

김 장로   거 참 이상해. 이스라엘 백성은 하나님 자기 백성이라 하면서 왜 이스라엘 사람만 보면 진노하고 화내고, 그것도 죄 없는 아이들까지 불뱀으로, 불로 죽인단 말인지 난 도무지 이해가 안 가.

불로 죽였다는 걸 보고 인간들이 화염방사기를 발명한 모양이지?

땅이 입을 벌려서 그 백성과 소속된 모든 걸 삼켜버리도록 하는 걸 보면 하나님이 전지전능하다는 말이 맞긴 맞는가 보구나.

모세가 하나님 명령받고 집단 학살

8

이 장로 모세 5경이라면 창세기, 출애굽기, 레위기, 민수기, 신명기를 애기하는 건 알지? 말하자면 이 다섯 권은 모세가 썼다는 건데 민수기 25장을 보면 모세도 하나님의 명령을 받아 살인을 한 것으로 기록 돼있거든.
말하자면 자필로 자기 죄를 기록해 놓은 셈이지.

김 장로 이보게나. 그거 가만히 생각해 보니까 그 당시는 살인 행위가 영웅적 행위로 자랑거리였던 거 아닌가?

살인을 죄라고 생각했다면 숨기려고 했을 텐데, 자필로 사람들을 죽인 걸 뻐젓이 적어 놓은 것을 보면 무슨 영웅담이나 되는 줄 알고 우쭐댄다는 애기 아닌가. 많이 죽일수록 자랑꺼리였던 건가 봐.

그러니까 가장 많이, 또 가장 잔인하게 집단학살한 하나님을 우러러 모시는 위대한 존재가 된 것이 아닌가도 생각되는데. 소위 조폭 대장은 무자비하기 때문에 똘마니들이 벌벌 기는 것처럼 그 당시 이스라엘 사람들이 여호와하나님이 하는 행실이 조폭왕 쯤으로 위대해서 벌벌 기면서 하나님을 우러러 모신 면도 없지 않은 것 같은 생각이 드는데..

이 장로 넌 하여간 머리도 잘 굴려.

그러고 보면 뭐 그런 측면도 전혀 없다고 할 수도 없지. 모세의 자필 범죄를 몇 가지 볼까. "여호와께서 모세에게 이르시되 백성의 두령들을 잡아 태양을 향해 여호와 앞에 목매어 달라. 그리하면 여호와의 진노가 이스라엘에게서 떠나리라."(민25;4). "모세가 이스리엘의 사사들에게 이르되 너희는 각기 관할하는 자 중에 바알브올에게 속한 사람들을 죽이라"(5절).

김 장로   그러니까 하나님은 모세에게 살인을 지시하고 모세는 그 명을 받아서 또 사사들을 시켜서 살인을 하면 결국 죄는 누가 책임을 지는 거야?

이 장로   그거야 물론 명령을 내린 자들이 줄줄이 책임 있고, 행동한 자들도 책임이 있지.

뉘렌버그 전범재판 헌장에는 그게 분명하게 적혀 있어. 즉 명령을 내린 자도 그 책임이 있다고 분명히 못 박아 놓고 있거든. 그리고 또 집단학살 말고 개별적으로 죽인 걸 보면 그 방법이 현대인들로서는 감히 상상조차 할 수 없을 정도로 야만적이고 악랄한 방법들도 여러 가지 더군.

"그 이스라엘 남자를 따라 그의 막에 들어가서 이스라엘 남자와 그 여인의 배를 꿰뚫어서 두 사람을 죽이니, 염병이 이스라엘 자손에게서 그쳤더라. 그 염병으로 죽은 자가 이만 사천 명이었더라." (8절9절).

이게 다 여호와와 모세가 짜고 저지른 범죄거든. 이건 또 역연좌제이지. 즉 대표로 두 사람을 죽이고, 이스라엘 자손들에게서 염병을 멈추게 했다, 이거야.

김 장로   아무리 하나님의 명령이라고 해도 그렇지, 그 이스라엘 사람들의 본성도 범죄의 소질들을 타고 난 거 아니야? 가령 그런 명령들을 우리 한국 사람들에게 내리면 한국 사람들이 그렇게 끔찍한 짓을 하겠어?

이 장로   하긴 그래.

이스라엘 민족은 원래 노예민족으로서 그들의 문화 자체가 살인이나 음란 등 현대인으로서는 상상조차 하기 힘든 행위들을 거리낌 없이 자행 하거든.

구약에 보면 살인 행위 말고 성행위 한 걸 보면 할아버지가 손녀와, 외손녀와, 외손녀의 친구와 하고, 모자간에, 남매간에, 이웃 간에, 심지어 짐승과(수간), 나무와(수간) 성교했다는 등 짐승과 같은 성행위의 기록이 자그마치 619 구절이나 되거든. 모세의 어머니 요게벳도 실은 모세의 어머니인 동시에 고모할머니란 말이야.

김 장로   그건 또 무슨 얘기야?

모세라면 하나님이 택한 대표적인 사람인데.

이 장로   그건 모세의 아버지가 자기 아버지의 누이동생 하고 그렇고 그런 짓을 해서 나온 것이 모세라, 이런 얘기야. 그리고 또 인류의 두 번째 조상으로 택함 받은 노아도 실은 그 아버지가 메덱인데, 메덱은 성경 역사상 처음으로 첩

질을 시작했고, 또 사람을 둘이나 죽였다고 고백한 패륜아란 말이다. 여호와하나님이 사람을 택하고 축복할 때 윤리나 도덕 따위는 기준이 안 돼.

김 장로   아, 그래서 그랬구나.

하나님의 축복을 제일 많이 받은 솔로몬 왕도 실은 본처가 700명에 첩이 300명이나 되고(왕상11;3), 그 아버지 다윗은 이스라엘의 예쁘장한 여자는 몽땅 제가 차지했잖아. 오죽 하면 "여호와하나님이 보시기에 너무한지라. 여호와께서 그의 여인들을 빼앗아 그 이웃들에게 주시면서 너희는 대낮에 모두가 보는 앞에서 그 일을 행하라.(삼하12;11.12)" 한 걸 보면 도무지 여호와하나님의 도덕과 윤리의 기준이 뭔지 전혀 모르겠단 말이다.

이 장로   우리 말이 좀 빗나가고 있는데, 모세의 명을 따라 이번에는 아이들 중에 남자는 다 죽이고, 남자와 동침하여 사내를 안 여자는 다 죽이고(민31;17절), 남자와 동침하지 아니하여 사내를 알지 못하는 여자들은 다 너희를 위하여 살려 둘 것이니라(18절) 라는 구절을 알고 있겠지?.

김 장로   말하자면 숫처녀만 남겨 놓고 다 죽이고, 남자들은 다 죽이라 하면 그 숫처녀들은 누구 줄려고 그랬는가?

평생 숫처녀로 있어라, 그런 것도 아닐 것이고. 모를 일이야.

이 장로   일설에 의하면 그 당시 성병 치료약이 없기 때문에 사내를 아는 여자는 다 죽이라는 것은 성병의 유행을 차단하기 위한 수단이었지 않나 하고 해석하는 신학 박사도 있는가 봐. 근데 남자는 다 죽이고, 숫처녀만 다 "너희를 위하여" 살려 둘 것이니라고 한 그 "너희"가 누구를 뜻하는지 성경 앞뒤로 봐도 잘 모르겠어.

김 장로   그러면 그건 우리 교회 목사님한테 물어 봐야겠구나. (목사에게 전화)

박목사님! 저 김 장로입니다.

거 저 민수기 31장 17절과 18절을 보면 남자는 다 죽이고, 숫처녀만 너희를 위하여 살려 두라 했는데, 여기서 "너희들"이란 누구를 뜻하는 것입니까? 그리고 또 살려둔 숫처녀가 몇 명쯤이고, "너희들"이란 사람들은 몇 명 쯤 되는지 알 수 없을까요?

박 목사   그거 참 듣고 보니 매우 어려운 질문이네요.

내가 당장 생각이 안 나는데 나하고 신학교 동창으로 신학박사 학위까지 딴 내 친구 목사에게 물어 봐서 나중에

알려 드릴게요. 문제가 어려워서 시간이 좀 걸릴 것 같네요. 해답을 얻는 대로 전화를 드릴 게요

〈박 목사가 신학교 동창 최목사에게 전화〉

박 목사   최목사. 나 박목사요.
        교인은 좀 늘어났나요? 헌금은 잘 거치고?
        근데 오늘 우리 교회 장로님 한 분한테서 전화가 왔거든요. 민수기 31장의 몇 구절에 관한 것인데 여기서 남자는 다 죽이고, 숫처녀만 너희를 위하여 살려 두라 한 것을 가지고 꼬치꼬치 묻는데 나로선 영 답변을 못하겠더라고요. 나야 신학교 졸업 밖에 못했지만 최목사야 신학박사까지 했으니 알 것 아니요?

최 목사   글쎄요, 나도 갑자기 듣고 보니 잘 생각이 안 나는데 수천 년 전 일을 우리 인간들이 어떻게 다 알겠어요.
        성경은 여호와하나님의 오묘한 진리를 기록한 것인데, 우리 인간들로서는 다 알 수도 없고, 다 알려고 하는 것도 하나님에 대한 불경죄가 될 수 있지요.
        잘 모르는 것은 그저 눈 딱 감고 무턱대고 믿는 것이 신

	자의 도리이지요.
박 목사	그걸 답변이라고 교회 장로한테 그렇게 일러 주란 말이요? 너무 막연한데. 최목사는 신학 박사니까 좀 더 연구해서 나중에라도 해답이 나오는 대로 나한테 전화해 주시오.
박 목사	김 장로님. 내 동창 신학 박사 인 최목사한테 물어 봤는데도 자기 역시 갑자기 생각 안 난다고 수천 년 전 일을 어떻게 당장 답변하겠느냐고 시간을 좀 달라네요. 나중에 최목사한테서 답이 오면 장로님께 전화드릴 게요.
김 장로	어이, 이 장로. 우리 목사님한테 전화로 그걸 물었더니 자긴 잘 모르겠고, 신학 박사까지 한 자기 동료 목사에게 물어 봤는데, 그 역시 수천 년 전 일을 당장 어떻게 알겠느냐고 좀 연구해서 나중에 알려 주기로 했다는군. 그에게서 전화 오는 대로 전화 해 준대.
이 장로	글쎄. 거 전화 오기나 할까?

여호와가 이스라엘 군인 몰살

9

이 장로   다른 학문은 연구 할수록 새록새록 재미가 나는데 성경은 공부할수록 아리송하단 말이야.
무슨 애긴가 하면. 이스라엘은 하나님의 백성이라는데 왜 여호와가 이스라엘 군대를 몽땅 죽여 버릴까?

김 장로   설마 그럴 리가?

이 장로   성경에 그렇게 써있단 말이야.
신명기를 보면 2장에서부터 그런 애기가 나오는데, "그 시대에 모든 군인들이 여호와께서 그들에게 맹세하신대로 진중에서 다 멸절되었나니(14절), 여호와께서 손으로 그들을 치사 진중에서 멸하신 고로 필경은 다 멸절되었느니라.(15절)" 그리고 여호와는 군인만 죽인 게 아니고 "그 모든 성읍을 취하고 그 남녀와 유아와 함께 하나도 남기지 아니하고 진멸하였고" 이게 성경 얘기야.

김 장로   여호와가 손으로 이스라엘 군인들을 다 쳐 죽여?
하나님은 태권도 백단 쯤 되는가 보구나.
무서운 분이네. 그 24절에 보니까 "네 하나님 여호와는 불이시오, 질투하시는 하나님이시니라."고 공갈까지 치고 있구먼.

이 장로   공갈이 아니야.

신명기 6장 펴봐. 너희 하나님 여호와는 질투하시는 하나님이신즉, 너희 하나님 여호와가 네게 진노하사 너를 지면에서 멸절시키는데(15절) 이번에는 민수기 7장에서는 "하나님 여호와께서 또 왕벌을 그들 중에 보내어 그들의 남은 자와 너를 피하여 숨은 자를 멸절시키고(20절)", 또 민수기 13장을 보면 이번에는 또 여호와하나님이 "그 성읍과 그 중에 거하는 모든 것과 그 생축을 칼날로 진멸하고" 이처럼 여호와는 태권도도 하고 칼도 쓰고, 살인에는 도사란 말일세.

김 장로   거 정말 여호와하나님 진노하고 분노하지 않도록 조심해야겠구먼.

이 장로   신명기 28장은 정말 소름 끼치는 얘기가 많아.

여호와께서 폐병과 열병과 상한과 학질과 한재와 풍재와 썩는 재앙으로 너를 치시리니 이 재앙들이 너를 진멸케 할 것이라.(22절) 그리고 또 "여호와께서 비 대신에 티끌과 모래를 네 땅에 내리시니, 필경 너를 멸하리라.(24절)" 그리고 또 "여호와께서 종기와 치질과 괴혈병과 개창으로 너를 치시리니 네가 치료함을 얻지 못할 것이며",(27절) "여호와께서 너를 미침과 눈멂과 경심증(마음이 혼란해지는 병)으로 치시리니 너를 구원할 자가 없을 것이며 (28~29절)"

김 장로   거 참. 여호와하나님은 악질적인 여러 가지 질병에 대해서도 웬만한 의사 뺨치게 도사구만.

그 옛날에 그 못된 질병들을 어떻게 다 알았을까?

하여간 못된 짓은 골고루 다 도사이시구먼. 어이, 이 장로, 여기서 좀 쉬었다 하세. 모골이 소원해진단 말일세.

살상 방법은 변함없이 그대로

10

이 장로 모세 5경은 기원전 1446~1406년 사이에 모세에 의해서 쓰인 것으로 추측하고 있어.

그리고 여호수아는 기원전 1050~1350년 사이에 쓰인 것으로 이해되고 있지. 그러고 보면 수백 년의 시차가 있는데 여호와하나님의 살인 행위는 시대의 변천 없이 계속해서 잔인무도하고 악랄무쌍하기는 마찬 가지다.

이것은 무슨 뜻인가 하면, 신약의 공관 복음은 같은 사건을 각기 다른 제자가 적었기 때문에 성경책은 달라도 내용은 한 가지인데, 구약은 그렇지 않다는 얘기야.

모세 때에 여호와하나님의 행위가 그토록 무자비했다면 시간이 흐름에 따라 좀 개선될 수도 있을 텐데 전혀 그렇지 않고 여호와하나님의 행위는 수백 년을 두고 마찬가지라는 사실은 곧 (1) 여호와하나님의 본성이 악하다는 사실이고, 성경 저자들이 수백 년의 차이를 두고도 마찬가지로 여호와하나님의 행위를 극악무도한 행실 그대로 이스라엘의 노예문화 그대로의 어휘들과 표현 방식으로 써진 것으로 보아 (2) 구약의 저자들이 구약을 성경이라는 목적으로 집필한 것이 아니고, 그들의 집필 목적은 여호와하나님이 인류에게 얼마나 끔찍한 범죄를 저질렀는가 하는 것을 기록하려는 것이 집필목적이었다고 해석해야 옳을 것 같아.

김 장로   듣고 보니 그 해석이 맞는 말 같네.

그런데 왜 신학에서는 그러한 새로운 해석이 나오지 않고, 예나 지금이나 그걸 성경이라고 우기고 있을까?

이 장로   신학에서는 새로운 해석이라는 것이 일체 허용되지 않지. 딴 소리 하면 무조건 이단이라고 족치고, 교단에서 쫓겨나고 밥줄이 끊어지기 때문에 새로운 이론을 얘기하는 것은 만용에 속하거든.

그래서 심지어 신학교 교과서는 일천년 전이나 일백년 전이나 그게 그대로라고 하더란 말이다.

자연과학이나 사회과학 등 다른 모든 학문의 세계에서는 5년 전, 10년 전 이론만 해도 고전의 하나로 보는데, 유독 신학만은 그렇지 않단 말이야.

김 장로 하기야 배운 대로 만 생각하고 배운 대로 만 믿으면 뱃속이 편치.

나도 요새 목사님한테 이것저것 어려운 걸 자꾸 물어서 목사님한테 내가 은근히 미운 털 백이는 거나 아닌지 모를 일이네.

이 장로 그런데 말이지. 구약의 집필자들이 하나님의 범죄를 기록할 목적으로 쓴 것만은 아닌 것도 있어.

에레미아를 보면 자기에게 잔인무도한 인종청소와 같은 집단 학살을 명령한 하나님을 은근히 칭송하면서 자기의 혁혁한 학살 결과를 자화자찬 하는 논조로 적고 있단 말이야.

김 장로 성경 학자, 신학 박사들은 뭐라고 하는데?

이 장로   성경책에 적혀 있는 주석을 보면 "여호수아서의 집필 목적은 신실하신 하나님의 성품을 드러내기 위해서" 썼다는 거고, 또 집단 학살을 하는 이유는 이스라엘이 점령한 땅에 들어가서 그 전에 있던 타락한 문화를 싹 쓸어 청소하기 위해서 그렇게 점령지의 백성을 몽땅 죽이는 거라고 주석을 달고 있거든.

김 장로   그렇다면 사람, 그것도 어른들만 죽이지, 왜 천진난만한 어린이들과 또 가축까지 몽땅 죽이느냐 말이야.

이 장로   성경학자들이 뭐 이것저것 깊이 있게 사색할 궁리는 안 하고 어떻게 하면 성경의 모든 기록을 미화하고 건사하게 장식할 수 있겠는가, 그런 방향으로 만 머리를 굴리니, 그 속의 진실을 알 턱이 없지.

문장을 자세히 보면 모세는 하나님의 종이라 했고, 여호수아 자기 자신도 그런 호칭을 받고 싶어서 살인 하수인 노릇을 철저하게 이행했단 말이야.

김 장로   사람 따라 다 재주가 다르게 마련인데, 여호와하나님이 여호수아에게 내린 살인 방식은 모세에게 내린 거 하고 좀 다른가?

이 장로   뭐, 그게 그건데, 여호수아는 주로 칼날을 많이 쓰고, 여

	호와가 또 하늘에서 우박도 쏟아 부어 응원해 주기도 했더군.
김 장로	여호수아는 칼잡이 모양이구만. 근데 칼이면 칼이지 칼날은 또 뭐냐?
이 장로	표현을 좀 더 무섭고 소름끼치게 하는 것이 노예문화의 어휘들이지.

여호수아서는 전부 24장 657구절로 씌어 있는데, 그 중 43 구절이 살인에 관한 기록이야. 그런데 에레미아서에는 두 가지 특징이 눈에 띄어.

첫째는 살인을 주로 칼날(칼이 아니고 칼날)로 죽였다는 점과, 둘째는 "그 중에 모든 사람(어린이까지)을 쳐서 멸하여 한 사람도 남기지 아니 하였다"는 점이야. |
| 김 장로 | 그런 걸 놓고 신학 박사들은 또 뭐라고 주석을 달고 있나? |
| 이 장로 | 성경책 320 페이지 여호수아 서론이라는 주석을 보면 이 모든 것이 "신실하신 하나님의 성품을 드러내기 위한 글들이고, 또 하나님의 공의와 선민을 보호하시는 하나님의 사랑을 실현하는 성전(거룩한 전쟁)을 기록한 것이라"고 주석을 달고 있지. |

김 장로 그런 해석은 정말로 소가 웃을 말이구나.

도대체 신학 박사라는 사람들은 머리를 달고 있는 게 아니고, 대가리를 달고 있다는 표현이 맞을 것 같구나.

이 장로 그 표현이 맞는 것 같다.

근데 그 대가리도 모두 돌대가리이기 때문에 문제란 말이지.

김 장로 우리 같은 사람들이 신학교를 나와서 새 학설, 참신한 학설을 주장하면 현대인의 신앙생활을 인도 하는 데는 매우 도움이 될 것 같은 생각이 드는데..

이 장로 참게나.

우리가 듣기에는 그들의 말이 소가 웃을 얘기로 들리지만, 우리가 하는 말은 그들이 개가 짓는다고 해.

우리 같은 놈은 신학교에 가면 하루 만에 모가지, 퇴교 처분 된단 말이다.

왕들의 엄지발가락을 자른 여호와

11

이 장로　이 봐, 김 장로.
　　　　지금까지 우리가 모세 5경과 여호수아서 등 구약의 여섯 권을 공부했는데, 슬슬 우리들 자신의 성품도 좀 사나워지는 것 같은 느낌 안 들어?
　　　　이젠 뭐 멸절시켰다, 뭐다 해도 공포감이 좀 덜한 것 느껴지지 않아?

김 장로　김 장로; 글쎄. 그 말 듣고 보니 나도 좀 슬슬 칼날이다,

	멸절이다, 염병이다, 이런 말들이 뭐 별로 그리 싸나와 보이지 않게 되는 건 사실이야.
이 장로	우리 같은 어른들도 구약을 이제 여섯 권만 읽어 보아도 우리의 성품이 무디어 지는데, 이런 것을 성경이라고 어린 학생들에게 읽히면 그들의 성품이 장차 어떻게 되고, 이런 기독교가 우리나라에 퍼지면 장차 우리들 국민성은 어떻게 되겠어?!
	사회 범죄도 흉악성을 띠게 되지 않을까 정말 걱정 된단 말이요..!
김 장로	그럼 우리도 이쯤 해서 구약 공부 포기 할까?
이 장로	그럴 수야 없지.
	하던 공부는 일단 한 번쯤 마쳐 봐야지. 그런데 참고로 말하는데 구약에 보면 웬 놈의 왕들이 그리 많은지 성경 구절 속에 왕들이 많이 나타난단 말이야.
	그 뜻을 알고 읽어야 해. 구약 시대엔 같은 민족이라도 부족이나 소규모 지방, 즉 우리의 읍. 면 지역의 우두머리들을 왕이라고 했더군.
	그러니까 구약의 왕들은 우리나라의 읍, 면장, 또는 시장, 군수 격이라고 보면 성경을 이해하는데 도움이 될

거야.

김 장로   우리 이번엔 어디 읽을 차례지?

이 장로   사사기 읽을 차례야.

이 사사기는 B.C. 1050~ 1000년경에 써진 것으로 되어 있어.

앞의 여호수아와 연대가 몇 백 년 또는 근 백년 차이가 있다 보니까 살인 수법과 규모가 약간 차이가 보여.

근데 본문에 들어가기 전에 사사기 서론에서 성경학자가 주석 달아 놓은 것부터 검토할 필요가 있어. 이 주석 학자는 사사기의 기록 목적이 "하나님의 통치 원리가 사랑과 공익임을 드러내기 위함"이라고 전제하고 있거든. 이 역시 소가 아니 고양이가 웃을 일이야.

왜냐하면 이제까지처럼 민족 청소 싹쓸이 식은 아니고, 한 둘 또는 소규모 살인인데 그 수법은 정말 모골이 소연해지는 그런 방법들을 동원하고 있어.

김 장로   지금까지 거론한 것만도 충분히 잔악한데 뭐 더 악랄한 방법이 있어?

그럼 성경은 살인 방법 백과사전이게. 이번엔 또 뭐 어떻게 죽이는데?

이 장로   사사기 1장부터 좀 끔찍한 방법이 나타나는데.. "칠십 왕이 그 수족의 엄지가락을 찍히고 내 상 아래서 먹을 것을 줍고"(7절) 또 3장을 보면 "칼자루도 날을 따라 들어가서 그 끝이 등 뒤까지 나갔고 그가 칼을 그 몸에서 빼어내지 아니하였으므로 기름이 칼날에 엉기더라"(22절)는 표현도 나타난다 말이야.
정말 노예민족의 말 표현 방법이지.

김 장로   거 명색이 성경인데, 어떻게 그런 끔찍한 표현을 쓴단 말인가?!

이 장로   또 웃기는 일도 있지.
"아낫의 아들 삼갈이 소모는 막대기로 블레셋 사람 육백 명을 죽였고"(31절).

김 장로   그건 무슨 마술을 부렸나?
소모는 막대기가 얼마나 단단하기에 그런 걸로 육백 명이나 죽일 수 있단 말인가?

이 장로   또 들어봐.
8장에서는 말이야 "여호와께서 세바와 살무나를 내 손에 붙이신 후에 내가 들가시와 찔레로 너의 살을 찢고"(7절), "그 성읍 장로들을 잡고 들가시와 찔레로 사람들을 징벌하고(16절)"

김 장로 듣자 하니 별놈의 방법이 다 있구먼.

이 장로 이번엔 또 좀 달라.

9장에서 보면 "자기 형제 칠십 인을 한 반석 위에서 죽였으며" (5절), 또 "보장에 대어 놓고 그곳에 불을 놓으매 세겜 망대에 있는 사람들도 다 죽었으니 남녀가 대략 일천 명이었더라"고 사람들을 가두어 놓고 불을 질러서 다 태워 죽인거지.

김 장로 거 듣고 보니 일본놈들이 옛날에 충청도에서 우리 백성들을 교회에 가두어 놓고 불을 질러 죽였는데 그놈들도 여호와하나님한테 한 수 배워서 그 짓 한 거 아니야?

이 장로 글쎄. 이번엔 여호와하나님의 범죄가 좀 다른 형태로 나타나.

즉 사사기 14장에서는 "여호와의 신이 삼손에게 크게 임하시매 삼손이 그곳 사람 삼십 명을 쳐 죽이고" (19절), 15장에서는 "삼손이 나귀의 새 턱뼈를 보고 손을 내밀어 취하고, 그것으로 일천 명을 죽이고" (15~16절).

김 장로 김 장로; 그러면 그건 삼손이 지은 죄지, 여호와하나님의 죄는 아니지 않나?

이 장로 지금 막 성경을 같이 읽고도 그러네. 성경에 분명히 쓰여 있잖아?! "여호와의 신이 삼손에게 크게 임하시매"라 했지 않냐. 이렇게 누구를 시켜서 범죄를 짓는 것도 뉘렌버그 전범 재판소 헌장에 저촉된단 말이야.

김 장로 여호와하나님이 그따위 뉘렌버그 헌장 같은 거 천만 개 갖다 댄들 눈 알 하나 깜빡할 자가 아니지 않냐.

이 장로 글쎄. 그렇긴 해.
       근데, 하나님의 성품이 워낙 사나우니까 그 백성들 하는 짓도 엄청 끔찍한 짓을 식은 죽 먹듯이 하는 거 그게 문제란 말이야.

김 장로 또 어떤 끔찍한 일이 있는데?

이 장로 사사기 19장을 펴봐.
       그 29절에 "그 집에 이르러서는 칼을 취하여 첩의 시체를 붙들어 그 마디를 찍어 열두 덩이에 나누고, 그것을 이스라엘 사방(열두 지파)에 두루 보내매..." 하나님의 선민이라는 자들의 행실이란 말일세.

김 장로 그렇게 잔인한 짓을 한 것도 문제지만, 그런 걸 성경이라는 책에 어떻게 다듬지도 않고 그대로 야만스럽게 글로 적고 있을 수가 있는지 난 도무지 이해가 안가. 이거 아무도 문제 삼는 사람이 없단 말이야? 그 숱한 신학 박사들은 뭐라 하는데?

이 장로　「CASE FOR FAITH(Lee Strobel) 」라는 책을 보니까 기독교를 박차고 나온 반기독교적 신학자들이 바로 이런 것을 가지고 구약은 성경이 아니고 악마의 글이라고 반박하는 자료의 하나이더군.

김 장로　가만 있자.
　　　　　내가 우리 교회 목사님한테 물어 본 것 아직 전화가 없는데, 그거 독촉도 할 겸 이걸 목사들은 뭐라 변명하는지 들어보는 것도 흥미 있을 것 같구나.

(김 장로가 박목사에게 전화)

김 장로　목사님! 저 김 장로입니다.

박 목사　아 참. 장로님, 내가 그 숙제를 아직 못 풀었는데 어쩌지요. 하나님한테 기도로 아무리 물어도 대답을 주지 않네요. 좀 더 기도 해 볼게요.
　　　　　시간을 조금만 더 주셔야겠어요.

	내 친구 최목사도 박사라고 다 아느냐면서 자기도 모르겠다네요.
김 장로	오늘 전화 드린 목적은 그게 아니고요. 또 다른 문제가 있어서 여쭈어보려고 전화 드렸습니다.
	사사기 19장 29절에 보면 첩이 바람 피웠다고 그 시체를 열두 쪽으로 짜개서 이스라엘 열두 지파에 골고루 보냈다 하는 구절이 성경 속에 뻐젓이 기록 되어 있는데요. 목사님은 이걸 어떻게 보십니까?
	성경답다고 보십니까, 아니면 악마가 장난으로 성경 속에 집어넣은 건가요?
박 목사	김 장로님, 지금 거 분명히 성경책 가지고 하시는 말씀인가요? 혹시 어떤 소설책에서 본 얘기가 아닌가요? 성경에 그런 끔찍한 말이 있을 수가 없는데요. 이것도 내가 내 친구 최목사 신학 박사한 테 물어볼 께요.

(박복사가 최목사한테 전화를 건다)

박 ㅁ고사	최목사! 내가 또 지난번 그 장로한테서 듣기 거북한 질문을 받았는데, 사사기 19장 29절에 바람피운 첩의 시

체를 열두 토막 내서 열두 지파에 보냈다는 구절을 가지고 성경에 어떻게 그런 잔인한 표현이 있을 수 있느냐고 묻는데..

최 목사   그래 뭐라고 대답했어요?

박 목사   그거는 소설 얘기 아니냐고 물었더니 성경 구절을 또박또박 대더군요.

최 목사   그 사람 거 아주 골치 아픈 사람이네요.
그런 사람은 옆의 교인들까지 흔들흔들하게 만들고 자기도 결국 타락하고 말 사람인데, 일찌감치 파문해서 내쫓는 것이 목회에는 도움 되지요.

박 목사   그 장로 없으면 내가 월급을 못받는데. 그 장로가 헌금은 제일 많이 하는 사람이란 말입니다.

최 목사   성경은 꼬치꼬치 따지는 게 아니고, 그저 목사가 지도하는 대로 단단히 믿는 것이 참된 신앙이라고 일러 주고 마세요.

 나한테 물어 봤다는 얘긴 하지 마시고. 그리고 말이지, 거 왜 우리 신학교 동기 중에 고목사 있지 않나.

그 친구는 나같이 그냥 신학 박사가 아니고 성경학 박사란 말이야. 그러니까 앞으로 성경과 관련된 것 있으면 고

	목사 한테 물어 봐 줘. 그 친구 전화번호는 동창회 명부에 있어.
박 목사	참. 그 생각 미처 못했네. 앞으론 그래야겠네.

(박목사가 김 장로한테 전화를 건다)

박 목사	내가 최목사한테도 물어 봤는데, 성경에 그런 끔찍한 표현이 있을 리가 없다는데, 다시 한 번 잘 살펴보세요.
김 장로	분명히 성경책 사사기 19장 29절이라고까지 말씀드렸는데 목사님이 딴 소리 하시네요. 알겠습니다.
	이만 해 두지요.
	안녕히 계십시오.
이 장로	목사가 무어래?
김 장로	어느 소설책 보고 하는 얘기 아니냐면서 성경에 그런 망측하고 끔찍한 말이 있을 수 없다는구먼.
이 장로	그 목사도 성경을 눈 감고 읽는구먼.
	사사기 공부 조금만 더 하고 쉬도록 하세.
	사사기 20장에서 보면 여호와께서 베냐민 사람들을 무수히 죽여 놓고 그 숫자도 적어 놓았더군.

자랑 삼아 적은 것 같아.

25절에서는 일만 팔천을 죽였고, 35절에서는 또 이만 오천 일백을 죽였고, 44절에서는 일만 팔천을 죽였고, 45절에서는 큰길에서 오천 명을, 기돔에 이르러서 또 이천 명을 죽였고, 46절에서는 또 이만 오천 명의 용사들을 죽였고, 21장에서는 여호와가 부녀와 어린 아이를 칼날로 치라 명하고 (10절), "모든 남자와 남자와 잔 여자를 진멸하라"고 명령을 내리는 거야.

김 장로   사사기에 주석을 단 <사사기 공부> 모두(冒頭)에서 사사기의 기록 목적이 "하나님의 통치 원리가 사랑과 공의임을 드러내기 위하여"라고 적혀 있다 했는데 이런 것들이 모두 하나님의 사랑과 공의란 말인가? 신학교에서 도대체 어떻게 가르쳤기에 이렇게도 엉뚱한 짓을 성경책 속에 주석이라고 뻐젓이 적어 놓는지 도무지 이해가 안 돼.

이 장로   그러니까 돌대가리들이 모이는 곳이라 했지 않나.

성경 속에 눈을 똑 바로 뜨고 20여 번을 낱낱이 읽어 봐도 <사랑의 하나님>이란 표현은 단 한 군데도 없고, 성경 사전에서도 하나님은 사랑이라는 말을 한 번도 안 쓴 것으로 해석하고 있어.

앞으로 어려운 것은 우리 교회 목사(정목사)한테 물어 봐야겠어. 정목사는 구약학 박사란 말이야.

김 장로 뭐? 구약학 박사라는 것도 있어?

난 듣다 첨 듣네.

여호와가 이스라엘 백성을 살육

12

이 장로	어이, 김 장로! 우리 성경 공부 시작하고부터 손수건 몇 개나 적셨어?
김 장로	하긴 마누라가 좀 이상 하다고 하데. 평생 손수건 별로 안 씻었는데 요샌 웬 손수건이 매일 젖어 오냐 그거야.
이 장로	그래 뭐라 했어?
김 장로	솔직히 얘기 했지 뭐. 이 장로 하고 성경 공부 하다보니

	까 매일 울게 되더라고 실토했지.
이 장로	그렇지? 눈물 없이 성경을 어떻게 읽을 수 있겠어! 김 장로 마누라는 앞으로 날 만나지 말라고 했겠네.
김 장로	천만에! 우리 마누라도 허락해 주면서, 자기도 우리들 성경 공부 같이 하고 싶다는데?!
	내 마누라 오기 전에 끔찍한 얘기는 우리끼리 미리 다 공부하고 말지 뭐. 다음엔 마누라 데리고 와도 돼?
이 장로	글쎄 거 좀 거북한데..어떻게 김 장로 마누라만 오냐?
	그럴 바엔 가끔 내 마누라랑 우리 넷이 식사라도 하면서 좀 느긋이 같이 공부하지 뭐.
김 장로	그게 좋겠다.
	아무래도 내가 경제적으로 좀 여유가 있으니까 우리 만날 때 마다 내가 비용을 부담하면 안 될까?
이 장로	자네 교회서 하는 식으로 돈이면 다다 그거냐?
	나도 너 정도의 돈은 있지 않냐. 번갈아 내자고.
	그래야 마누라들도 좋아하는 법이야
김 장로	그렇게 하지 뭐.
	이제 사무엘상서 공부할 차례인데, 성경 주석학자는 사무엘상서에 대해서 뭐라고 했나?

이 장로   역사의 주체는 하나님이시며, 인간은 순종함으로써 역사적 사명을 수행해야 함을 교훈하기 위해서 쓴 책이라는 군.

김 장로   그 말이 맞아?

이 장로   또 소가 웃을 해석이지 뭐.

         그런 내용은 하나도 없고, 2장에서부터 하나님의 이스라엘 저주부터 시작하는데 이스라엘 가정에 "네 집에 노인이 영영토록 노인이 없을 것이라"고 32절에서 악담부터 시작해서 4장에 들어오면 이스라엘 군사가 전쟁에 패해서 죽임을 당한 군사가 사천 명이라고 하고 (2절), 10절에서는 살육이 심히 커서 이스라엘 보병이 엎드러진 자가 삼 만이었으며, 5장에서는 "여호와의 손이 심히 큰 환난을 그 성에 더하사..독종이 나게 하여"(9절,12절), "성읍의 부르짖음이 하늘에 사무쳤더라."(12절)는 거야. 그리고 또 6장에서는 "사람들이 여호와의 궤를 들여다 본 고로 그들을 치사 칠십 인을 죽이신지라, 여호와께서 백성을 쳐서 크게 살육하였으므로 백성이 애곡하였더라."는 기록들이 꽉 찼어.

         성경책에 적어 놓은 주석과는 전혀 딴 판이지.

김 장로	그러고도 신학 박사들 밥 먹는 거 보면 참 대단해.
이 장로	여호와하나님의 살육 명령은 계속되지. 15장에서 보면 "그들의 모든 소유를 남기지 말고 진멸하되 남녀와 소아와 젖 먹는 아이와 우양과 약대와 나귀를 다 죽이라 하셨나이다."(3절). 그리고 여호와가 또 재삼 다짐하는데 "사람을 진멸하되 다 없어지기까지 치라 하셨거늘,"(18절), "사무엘이. 여호와 앞에서 아각을 찍어 쪼개니라."(33절).
김 장로	성경 원문에서 그렇게 끔찍한 어휘들을 썼더라도 번역하는 사람들이 말을 좀 순하게 슬슬 돌려서 번역하지 않고,. 그런 어휘들을 번역하느라 고생깨나 했겠어. 많이 다듬었는데도 그 꼴이겠지.
이 장로	이스라엘 백성이라는 게 노예문화에 젖어 있어서 그렇게 끔찍한 말이 아니면 성경을 쓸 수가 없었던 모양이야. 18장에서 보면 사람을 많이 죽일수록 찬양의 대상이 되거든. "다윗이 블레셋 사람들을 죽이고 돌아올 때 여인들이 뛰놀며 창화하여 가로되 사울의 죽인 자는 천천이요 다윗은 만만이로다."고 고함을 질렀지.
김 장로	전쟁 기록이라 적을 많이 죽일수록 공로가 큰 거니까.

사무엘상서와 하서는 차이가 없나?

이 장로　사무엘상서는 사울왕의 몰락이 중심이고, 하서는 다윗왕의 왕국 과정이 중심 내용인데, 저자가 동일 인물로 추정되지. 사무엘서 상, 하로 기록했나봐.

사무엘하서의 주석을 보면 <다윗왕의 의로운 통치를 통하여 장차 도래할 메시아가 다스리는 하나님 나라를 대망케 하기 위해서 쓴> 거라고 적혀있는데, 내용을 보면 상서에서와 별 다를 바 없이 몽땅 죽이는 애기의 연속이야.

1장부터 죽이고, 죽임을 당하는 것으로 시작해서 2장에 들어오면 이번엔 또 "적수의 머리를 잡고 칼로 적수의 옆구리를 찌르고,"(16절), "창끝으로 그 배를 찌르니 창이 그 등을 뚫고 나갔고"(23절), "다윗의 심복들이 아브넬에게 속한 자들을 쳐서 삼백육십 명을 죽였더라."고, 또 인명 살상과 무용담으로 성경을 이어가고 있지.

김 장로　여기서는 주로 다윗왕의 살육 기록, 즉 전과를 기록했겠구먼. 그런데 장차 도래할 메시아가 다스리는 하나님 나라에 대한 설명은 한 구절도 안 보이는데?!

그 주석 다는 신학 박사, 성경학 박사님들 정말 밥 먹기 위해서 개소리, 새소리 하는 거 보면 한편 정말 불쌍한 생각도 드는구먼.

이 장로   맞아.

사무엘하서의 모두(冒頭)에서는 주로 누가 누구를 죽이는 등 개별적 살인을 기록하다가, 8장에 와서는 다윗의 전공을 기록하고 있어.

다윗이 "그 마병 일천칠백과 보병 이만을 사로잡고 병거 일백승의 말 만 남기고, 그 외의 병거의 말은 다 발의 힘줄을 끊었더니"(4절), "다윗이 아람 사람 이만 이천을 죽이고,"(5절), "염곡에서 에돔 사람 일만 팔천을 쳐 죽이고 돌아와서 명예를 얻으니라." 하고, 10장 18절에서도 "아람 병거 칠백승의 사람과 마병 사만을 죽이고." 18장에서는 "살육이 커서 이만에 이르렀고"(7절), 23장에 와서는 다윗이 아닌 딴 사람 요압의 아우 아비새가 창을 들어 삼백 인을 쳐 죽이고(18절), 24장에 와서는 다시 여호와하나님이 "아침부터 정하신 때까지 온역을 이스라엘에게 내리시니 단에서부터 브엘세바까지 죽은 자가 칠만이라."고 하나님의 전공기록으로 사무엘하서의 살상 기록을 끝냈어.

 사무엘하서의 스물네 장과 694 구절을 샅샅이 뒤져봤지만 주석자가 언급한 하나님 나라 구절은 단 한 글자도 안 보였단 말이야.

제 2편
비공개 심층 세미나

비공개 심층 세미나

일　시 ; 2014년　모월．모일부터 2박 3일
장　소 ; 속리산 XX 호텔
주　제 ; 여호와하나님의 정체
참석자 ; 이 장로. 김 장로. 박목사(모교회 당회장). 최목사(신학 박사). 고목사(성경 학박사).　정 박사(종교사회학자)
진행 원칙 ; 비공개
사　회 ; 이 장로
개　회 ; 사회자 개회 인사

개회사(요지)

오늘 이처럼 뜻깊은 자리에 소중한 시간을 내서 참석해 주신 여러분들에게 먼저 감사의 말씀을 드립니다.

크리스토퍼 히친스는 그의 유명한 저서 『신은 위대하지 않다』에서 "모든 종교는 의문을 제기하는 사람들의 입을 막거나 처형해 왔다."고 지적하고 있습니다.

그러기 때문에 종교는 지난 몇 천 년 전이나 몇 백 년 전의 신앙과 신조, 성경에 대한 태도와 해석 등 모든 면에서 21세기 과학의 대명천지에서도 어두운 굴레 속에 갇혀 왔고 지금 이 순간까지도 다른 의견을 내는 사람을 백안시 하는 것이 사실입니다.

참석하신 분들 중에도 혹시 여기 참석하는 것 자체나 발언 내용 등이 밖으로 알려지면 신상에 불리한 경우가 있지 않을까 마음 한 구석에 근심을 가지고 있는 분이 있을 수 있다고 생각 되어서 이번 세미나는 철저하게 대외비로 진행하기로 하였습니다.

이 점 참고 하시고, 평소 마음으로 의아하게 생각되고 부당하다고 생각되는데도 배워온 내용들이니까 의심하거나 비판하는 것 자체가 신앙생활에 해가 된다고 생각되어 혼자서 꿍꿍 앓아 온 내용들이 없지 않을 것입니다.

　이 세미나는 심지어 하나님한테도 비공개로 하였기 때문에 이번 2박 3일 간은 기도를 삼가 주시기 바랍니다.

　이번 세미나에 참석해 주신 분들은 각자 대담하고, 정직하고, 허심탄회한 마음가짐을 가져주실 것을 부탁드립니다. 이번 세미나에서의 발언에는 옳고 그른 가치 판단을 하지 않을 것이며, 참신하고 정의로운 발언이나 의견은 모두 존중 될 것입니다.

　"종교는 화석화된 철학, 의문이 배제된 철학에 불

과하다."고 사이번 불랙번이 갈파한 바도 있습니다. 그리고 도스토에프스키는 "신이 없으면 모든 게 가능해진다."고 하고 성경은 인간의 존엄성을 모독하는 책"이라고 지적하면서 성경으로부터 과감하고 용감하게 뛰쳐나올 것을 권하고 있습니다.

    한편, 리챠드 도킨스는 세계적 베스트 셀라인 그의 저서 『만들어진 신』이란 책에서 "신이 사라진 이후의 사회가 오히려 더 희망적"이라고 역설하면서 여러 사례를 통해 인간의 존엄성이 신 앞에서 어떻게 무너져갔는지를 보여주고 있습니다.

신에 대한 부정은 도덕적 타락이 아니라 인간 본연의 가치인 진정한 사랑을 찾는 일이고, 미래 사회의 대안은 종교가 아닌 인간 그 자체에 있다는 것을 주창하고 있습니다. 그러면서 "신이라는 이름 뒤에 가려진 인간의 본성과 가치를 탐색하라."고 주문하고 있습니다.

리챠드 도킨스는 우리가 유념해야할 점을 한 가지 더욱 분명하고 직설적으로 지적하고 있는 점에 유념할 필요가 있다고 봅니다.

그는 "구약 성서의 신은 모든 소설을 통틀어 가장 불쾌한 존재"라고 전제하면서 시기하고, 거만한 존재,

좀스럽고, 불공평하고, 용납을 모르는 지배욕을 가진 존재, 복수심에 불타고 피에 굶주린 인종 청소자, 여성을 혐오하고 인종을 차별하고, 유아를 대량 학살하고, 부모 자식 간에, 형제간에, 이웃 간에 서로 죽일 것을 명하고, 각종 전염병을 퍼뜨리고, 과대망상증에다 가학성 변태 성욕에 변덕스럽고 심술궂은 난폭자라고 묘사하고 있습니다.

심지어 히틀러 등 인류 역사상 가장 악랄한 집단학살자들이 모두 여호와하나님에게서 배운 수법을 썼다는 것도 지적하고 있습니다.

또 한 명의 철학자의 진단을 살필 필요가 있겠습니다. 루드비히 포이에르박하는 그의 저서 『종교의 본질에 대하여』에서 "종교 속에서 인간의 의지와 다양성의 죽음을 보며, 모든 변화를 가로막는 장애를 본다."고 진단하면서 종교가 말하는 사랑도 모두 허위임을 지적하고 있습니다. "

내세를 만들어 낸 사랑, 고통 받는 사람들을 내세로 위로하는 사랑은 죽은 후에 병자를 치유하는 사랑이고, 또한 목이 말라 죽은 후에 물을 주는 사랑이며, 배고파 이미 죽은 사람에게 음식을 주는 사랑"이라고 힐난하고, 대부분의 종교가 공통적으로 구원은 오로지 그 종교에서만 가능하다고 주장하는 것 때문에 인류 역사를 통해 많은 피를 흘렸고 비극을 초래했다고 종교의 부정적 성격을 통렬하게 지적한 바도 있습니다.

 실은 이상에서 들어 본 바와 같은 입장에서 김 장로와 저 둘이서 금년 초부터 구약 창세기 1장 1절로부터 지금 현재 사무엘 하서까지 한 글자도 그냥 뛰어 넘지 않고 도대체 여호와하나님이란 존재가 인류에게 가한 범죄가 얼마나 잔인하고 악랄한가 하는 것을 진단해 보았습니다. 계속해서 말라기까지 연구할 작정입니다.

김 장로와 저는 모태신앙인으로서 평생 꽉꽉 믿어 온 신앙의 테두리에서 벗어나서 성경과 여호와하나님으로부터 불쌍한 인류를 석방시켜야겠다는 심정이 구약을 공부할 수로 더욱 마음을 다지게 되는 것을 느꼈습니다.

그러나 우리 두 사람은 성경학자도 신학자도 아니기 때문에 우리의 자의적 해석이 혹 방향을 잘못 잡을 수도 있다는 염려도 있고 애매한 부분도 있고 해서 이처럼 우리 종교계를 대표하는 여러분들을 모시게 되었습니다.

이상 몇 분의 종교와 신에 대한 소견을 들어 보았듯

이 인간은 종교라는 속박으로부터 시원하게 벗어나야 하며, 특히 여기 참석하신 한 분, 한 분의 마음속에 이들이 지적한 내용들을 간직하고 새롭고 자유로운 자세에서 이 세미나에 참석해 주실 것을 재삼 당부 드리고 싶은 심정입니다.

    이번 세미나를 통해서 인류를 해방시킬 수 있는 좋은 메시지와 새 복음이 탄생할 수 있기를 진심으로 바라면서 이만 개회사를 마치겠습니다.

    감사합니다.

김 장로 인사말씀

저도 주최자의 한 사람으로서 인사 올립니다.

이 장로와 저는 미숀 스쿨인 고등학교 동창으로서 절친하게 지나오는 사이입니다. 하루는 이 장로가 저더러 성경 공부 한 번 같이 안 하겠느냐고 하기에 옛날식 사고방식으로 신앙심을 좀 키워야겠다고 생각되어서 좋다고 응하고 성경 공부를 시작 했습니다.

처음 창세기부터 기존의 신앙적 감옥으로부터 벗어나야한다는 이 장로 제안을 받아드리고 성경을 읽기 시작하니까 자꾸 겁이 나기 시작한 것이 사실이었습니다.

주일학교 때부터 성경은 일점일획도 가감하면 안

된다고 배우고 그렇게 믿어 왔는데, 성경을 글자 그대로 읽기 시작하니까 점점 공포감이 나고, 여호와하나님의 이름을 망령되이 일컫지 말라했는데 구약을 읽으면 읽을수록 여호와하나님은 학살 범죄자라는 사실이 들어나기 시작해서 사실은 중간에 성경 공부를 포기해야겠다는 생각이 들었었습니다.

    잘못하다간 지옥 갈 것 같은 공포심도 생기고요. 그럴 때마다 이 장로가 기왕 시작한 공부인데 끝까지 연구해서 인류를 신앙이라는 감옥과 포승에서 해방시키는 일을 하자고 저를 종용해서 저는 이 일이 제가 이 세상에 왔다가 가는 가장 큰 보람이라는 확실한 신념이 생기게 되었습니다.

이 세상엔 저처럼 어리석게 신앙이라는 올가미에 꿰어져서 바깥세상을 내다 볼 생각을 전혀 하지 못하는 불쌍한 영혼들이 너무 많아서 그들이 불쌍하다는 생각도 자주 하게 됩니다.

　성경을 연구하면 할수록 여호와하나님이란 존경할 존재도 아니고, 두려워할 것도 없고, 다만 경멸과 증오와 처벌의 대상이라는 점이 점점 더 확실하게 느껴지는 것을 경험하고 있습니다. 그러나 성경이나 신학, 종교사회학 등을 전혀 모르는 상태에서 성경 공부를 계속하는 것보다 여러분들과 같은 훌륭한 스승의 지도를 받으면서 구약 공부를 마치는 것이 더욱 좋은 결실을 얻을 수 있겠다고 생각되어서 여러분들을 모시게 된 것입니다.

이 장로의 개회 인사에서 말씀드렸다시피 이 세미나는 철저하게 대외비로, 심지어는 하나님도 모르게 철저하게 비밀을 지키려고 하니까 찜찜한 생각을 추호도 갖지 마시고, 담대하고 정직하게 지식보다 양심과 양식이 인도하는데 따라 좋은 의견을 개진해주실 것을 부탁드립니다. 이 세미나가 끝나면 우리는 계속해서 열왕기하서부터 다시 차례대로 구약 말라기 4장 16절까지 한 글자도 빼거나 건너뛰지 않고 착실하게 공부를 계속할 작정입니다.

    끝날 무렵 다시 한 번 여러분을 모시고 이와 같은 세미나를 개최코자 합니다. 감사합니다.

세미나 주제 ; 여호와하나님의 정체

사회자:

이번 세미나에서는 다음의 세 논문 발표를 듣도록 하겠습니다. 이번 세미나 진행 방식의 대 전제가 대외비이기 때문에 발표자의 성명이나 직책 등 일체를 밝히지 않고 무기명으로 하겠습니다.

이 점 양해 바랍니다.

논문 1; 여호와하나님의 국적
논문 2; 성경 저자들이 기록한 하나님의 범죄 기록
논문 3; 하나님의 어린이 집단학살

여호와 하나님의 국적

논문 1

여호와하나님의 국적에 대해서는 모세가 분명히 밝히고 있습니다. 출애굽기 32장 27절에서 "이스라엘의 하나님 여호와께서 명하신다."고 못 박고 있고, 역시 출애굽기 3장 6절에서도 "엘로힘(하나님의 히브리어)은 아브라함의 하나님, 이삭의 하나님, 야곱의 하나님"으로 그 국적을 분명히 하고 있습니다.

그런데도 불구하고 기독교에서는 하나님을 전 인류

의 하나님이라고 말하며, 또 그렇게 믿고 있고, 그렇게 믿는 것이 참된 신앙이라고 가르치고 있습니다.

이렇게 가르치는 목회자나 그 말을 추호도 의심치 않고 굳게 믿는 신도들은 도대체 성경에서는 뭐라고 하는지를 대조해 보거나 연구해 볼 생각도 않고 주일학교에서부터 배워 온 그대로 맹목적으로, 습관적으로 믿고 있을 따름인 것입니다.

신학교 교과서에서는 몇 천 년 전이나 오늘날까지도 한 글자도 고치지 않고 고전 중에서도 까마득한 교과서로 학생들을 가르치고 신학 박사다, 성경학 박사다, 구약학 박사다 하면서 학위 장사까지 서슴지 않고 있는 형편입니다. 교과서의 내용이나 하나님은 전 인류의 하나님이라는 것에 대해서 추호의 의심을 가지거나 의문을 제기하는 것은 하나님에 대한 범죄라고 생각해서 일체 의심을 하지 않고 그저 그 하나님을 〈아버지〉 〈아버지〉 하고 불러오고 있는 것입니다.

남의 할아버지, 남의 아버지를 가지고 아버지, 아버지 하는 것이 얼마나 우습고 부끄러운 일인지 생각하지도 않고 오히려 자랑이나 되듯이 큰 소리 쳐 오고 있는 것입니다. 기도를 한다는 모든 사람들은 이삼 분 기도 하면서 하나님 아버지를 아마도 열 번은 중얼 댈 겁니다. 우리가 지금까지 하나님을 믿는다고 생각하고 그렇게 말해 왔는데, 우리가 믿어온 하나님은 어떤 존재인지나 알고 믿어온 것인지 각자 자문해 볼 필요가 있겠습니다.

신화 속의 모든 신은 소속과 국적이 있습니다.

그러면서도 자기 신은 전 인류의 신이라고 과장하고 있습니다. 종교학적으로 이 지구상에는 300개의 신이 있고, 토속 신앙의 대상이 되는 신까지 합치면 적어도 3,000개의 신이 있습니다.

기독교가 말하는 자기들의 하나님도 실은 이들 중의 하나일 뿐인 것입니다.

따라서 오늘 이 세미나에서 말하는 여호와하나님이란 기독교가 아버지라고 부르는 여호와하나님을 대상으로 하고 있다는 점을 못 박아야 합니다.

먼저 지금까지 기독교가 신앙하는 그 신의 국적이 어디냐 하는 것을 분명히 구명해야 할 필요가 있습니다. 그의 국적이 이스라엘이라고 못을 박아 밝히고 있는 성경 구절만도 천여 군데나 되기도 하지만, 그 하나님의 독생자라고 하는 예수의 국적이 또한 이스라엘이기 때문에 다른 나라 사람들하고는 전혀 상관관계가 없는 것입니다.

구약에서는 하나님의 아들이라는 뜻이 가장 명확하게 나와 있는 것이 다니엘서 3장 25절 한 곳뿐인데 아람어의 단수(G426,G1247) 바르하임으로 표기되어 있고, 그 뜻은 하나님의 사자란 뜻입니다(성경사전).

그 외에는 복수로 기록되어 있는데, 이스라엘 백성과 왕들을 가리키는 뜻입니다. 신약에서는 단수로 45회 사용되었는데, 그 중 눅3;38절에서 아담을 가리키는 외에는 모두 예수 그리스도를 가리키고 있을 뿐입니다. (마16;16/막5;7/눅1;35/요1;34/행9;20/롬1;4/갈2;20/히4;14/) 다만 요1;12절에서 예수 믿으면 하나님의 자녀가 되는 권세가 주어질 뿐이지 하나님의 아들이 되는 것은 아닙니다. 또 한 구절 롬 8장 14~17절에 기대해 봐도 인간들은 아들의 영에 의해서 그를 통해 "아바, 아바지라고 부르는 것이 허락 된다." 라고 적혀 있으나 이 역시 우리가 하나님의 아들이 된다는 뜻은 아닙니다.

위의 성경 구절들을 요약하면,

(1) 구약에서는 이스라엘 백성이 아니면 죽었다 깨도 하나님의 아들이라고 불릴 수 없는 것이고,

(2) 신약에서 모두 44회 하나님의 아들이라고 한 것은 모두 단수 명사로서 하나님의 독생자 예수 그리스도 만을 의미하기 때문에 하나님은 예수만을 외아들로 가지고 있고, 우리 인간들은 오로지 다만 예수를 믿음으로써 하나님을 아버지라고 부를 수 있는 권세가 주어질 뿐이고, 우리가 하나님의 아들이 되는 것은 아니다. 이처럼 성경의 구약과 신약을 통틀어서 하나님의 국적은 오직 이스라엘일 뿐이고, 우리 인류들과는 아무 상관이 없다는 사실이 명명백백하게 문자화 되어 있다는 것을 깨달아야 합니다.

글을 읽을 줄 아는 사람이라면 눈을 똑바로 뜨고 성경을 읽어야 합니다. 구약에서는 39권 거의 모든 곳에서 <이스라엘의 하나님> <내 백성, 이스라엘 백성>이라는 표현이 천여 번 반복되면서 하나님은 이스라엘의 하나님이라는 그의 국적을 누누이 강조하고 있는데도 어리석은 인간들, 특히 전혀 새로운 주석이나 해석이 용납되

지 않는 신학교에서 수천 년 수정 없이 가르쳐 온 결과로 이스라엘 외의 국민들이 지금도 멍청하게 남의 할아버지를 아버지, 아버지 하고 부르고 있는 것입니다.

참으로 부끄러운 일이 아닐 수 없습니다. 솔직히 말하면 우리나라의 건국 신화에서 단군이 우리의 할아버지인 것처럼 하나님은 오로지 이스라엘의 건국 할아버지인 것을 구약이 힘주어 강조하고 있습니다.

우리는 그의 아들딸도 아니고, 하나님은 남의 나라의 할아버지라는 사실을 부인할 수 없습니다. 아담과 이브의 국적도 두 말 할 것도 없이 이스라엘입니다. 그 다음 노아 홍수 이전의 모든 피조물을 싹쓸이하고 난 후, 노아로부터 새로 시작된 창조 작업에 의한 모든 인간도 이스라엘 사람들이고, 구약에 등장하는 모든 주인공의 국적은 이스라엘이기 때문에 하나님은 그들의 아버지요, 할아버지일 따름입니다.

이 점은 천주교가 하는 짓거리를 보면 더욱 선명합니다. 천주교에서는 입교하기 위해서는 멀쩡한 제 이름을 놓아두고 이스라엘 이름을 지어 받아야 하도록 되어 있지 않습니까? 정말로 소가 웃을 일입니다.

일제 때 우리는 저들의 강권에 못 이겨서 창씨개명이라는 걸 해야만 했고, 개명 안한다고 숫한 애국지사가 감옥에 갇히고 했는데, 천주교에서는 천당 가겠다고 영세 받으면서 자발적으로 이스라엘 이름을 붙이고 여인들은 또 예배당에 들어 갈 때 이스라엘 식으로 머리에 두건을 뒤집어 써가면서 까지 이스라엘의 하나님을 제 아버지인 것처럼 아버지, 아버지 하고 부르는 것도 양식을 가지고 반성해 보면 정말로 부끄러운 일임을 인정해야 할 것입니다.

정말 하나님이 인류의 하나님이라는 근거를 찾아보기 위해서 또다시 창세기 1장 1절부터 말라기 4장 6절까지의 23,143구절을 샅샅이 다시 뒤져 봤으나 그런 근거는 찾아지지 않습니다.

성경학자들이 구약은 이스라엘의 역사라고 못 박고 있는 그대로, 하나님은 이스라엘의 할아버지라고 구약 성경이 명명백백히, 또 누누이 강조하고 있는 점에 유의해야 합니다. 이런 각도에서 보면 성경은 거짓말을 하지 않습니다. 사실대로 썼기 때문에 정직한 책이라고 할 수 있겠습니다.

성경은 일점일획이라도 가감할 수 없다고 꽉 꽉 믿는 기독교인들 하고 다음 몇 성경 구절을 같이 읽어 볼 필요가 있겠습니다.

먼저 창세기 6장 4절을 읽지요. "당시에 땅에 네피림이 있었고, 그 후에 하나님의 아들들이 사람의 딸들을 취하여 자식을 낳았으니, 그들이 용사라 고대에 유명한 사람이었더라." 이게 도대체 무슨 말입니까? 하나님은 아담과 이브만을 창조했고 아들은 가인과 아벨 두 명 뿐이었는데. 그나마 동생 아벨은 가인이 죽였기 때문에 하나님의 아들들이라는 복수(plural)는 해당도 안 되고, 하나님의 아들들이 얼마나 많았기에 하나님의 아들들이 사람의 딸들에게로 들어가 자식을 낳았다는 말입니까!? 또 하나님은 아담과 이브만을 인류의 조상으로 창조했는데, 사람들의 딸들이란 도대체 누가 만들었으며, 하나님의 아들들과 사람들의 딸들이 서로 다른 종자라면 자식 나이를 할 수 없을 텐데.

닭과 오리가 서로 비슷해도 교배하지 않으며, 족제비와 들쥐도 서로 교배하지 않고, 심지어 모양새가 같은 새들도 색깔 만 달라도 교배하지 않는데, 하물며 하나님의 아들들과 사람의 딸들이 서로 종자가 달랐다면 자식 낳기를 하지 못했을 게 아닙니까?

　여기서 우리는 이 설명들이 유치원 아이들에게나 할 만큼 유치하다는 것을 깨달아야 합니다. 도대체 하나님의 아들들과 사람들의 딸들이라 했는데 어떻게 하나님은 아들들만 낳고 사람들은 딸들만 낳았단 말입니까?

　이런 얘기는 유치원 아이들에게나 할 만한 내용인데, 이걸 소위 신학 박사들, 성경학 박사들, 구약학 박사들이 지금껏 그 누구도 이의를 제기하지 않고, 그 숫한 교인들을 지금까지 속여 온 것도 용한 일이거니와, 그걸 신앙이라고 믿고 따른 수많은 기독교인들 역시 종교라는 마술에 속아서 뼈까지 흐믈흐믈한 형편이었던 점을 지금이라도 반성해야 하며, 이번 세미나에 참석한 우리들의 사명이 얼마나 막중한가 하는 점을 일깨우고 있습니다. 여기서 한 가지 더 정신을 똑바로 가다듬고 이 구절을 음미해야 하겠습니다.

　즉, 하나님의 아들들이란 문장을 뒤집어 읽으면 아들들의 아버지란 얘기가 되고, 그 아들들의 국적이 모두 이스라엘이고 보면 그 아버지라 한 하나님의 국적도 영락없는 이스라엘이라는 논리가 성립되는 것이 아닙니까!

두 번째, 위 구절 바로 다음 구절인 창세기 6장 5절 이하를 같이 읽어 봅시다. "여호와께서 사람의 죄악이 세상에 관용함과 그 마음의 생각의 모든 계획이 항상 악함뿐임을 보시고, 땅 위에 사람 지으셨음을 한탄하사 마음에 근심하시고 가라사대 내가 창조한 사람을 내가 지면에서 쓸어버리되 사람으로부터 육축과 기는 것과 공중의 새까지 그리 하리니 이는 내가 그것을 지었음을 한탄함이니라 하시니라."

하나님은 죄짓는 인간을 만든 것만 후회한 것이 아니라 그의 창조 역사 자체를 후회하여 이른 바 노아 홍수를 통해 공중의 새들까지, 저 들의 푸른 식물까지 싹쓸이를 해버린 것입니다. 이 때 인간들은 노아 가족 외엔 다 죽었기 때문에 지금의 인류는 네피림이나 사람의 딸들의 후손은 아니며, 오로지 이스라엘 백성 노아 가족만이 살았다는 것은 하나님은 100% 오직 이들의 하나님일 뿐이라는 뜻입니다.

성경이 이토록 명명백백하게 하나님은 오직 이스라

엘의 하나님이라는 사실을 강조하고 있기 때문에, 이스라엘 백성이 아닌 기독교인들이 하나님을 자기 아버지라고 부르고 또 그렇게 믿는 것은 정말로 정신 나간 짓이 아닐 수 없습니다.

솔직히 구약 성경의 많은 구절들을 마음의 눈과 코 위에 붙어있는 두 눈을 똑바로 뜨고 읽다보면 그 내용들이 우리가 믿었던 내용들과 너무나 상충되기 때문에 도무지 뭐가 뭔지 아리송해집니다. 사실 이 때문에 16세기 바티칸의 트리엔트 공의회에서는 칙령을 반포해서 일반 신도들은 물론 일반 사도들도 성경 연구 자체를 금지하였던 것입니다. 구약은 읽으면 탈이 날 수밖에 없기 때문에 성경은 들고 다니는 책이지 읽는 책은 아니라는 말까지 생겨난 것이 아니겠습니까?

미국의 저 유명한 부흥강사 빌리 그래함(BILLY GRAHAM)과 신학교 동기생으로서 함께 부흥 강사 활동을 하다가 틈이 나서 새삼 구약을 뒤늦게 읽고는 반기독교적 활동가로 변신한 유명한 찰스 템플턴(CHARLES TEMPLETON) 같은 경우를 보면 구약은 한 인간을 180도 다른 인간으로 만들어 버리는 괴력을 가지고 있습니다. 그는 심지어 "구약이 하나님의 말씀이라면 하나님은 악마보다 더 악하며 모든 신 중에서 가장 무자비하다."고 갈파하고 있습니다. 구약을 눈 뜨고 읽으면 이와 같이 하나님은 이스라엘의 하나님일 따름이지, 결코 인류의 하나님이 아니라는 사실이 거듭거듭 밝혀지는 것입니다.

사실 하나님이라는 존재는 그 명칭부터가 통일돼 있지 않습니다. 히브리어에서는 엘로힘인데 엘로힘은 엘로아흐의 복수형이며, 하나님, 신, 신들을 의미한다고 성경사전(로고스2090쪽)은 적고 있습니다. 그리고 이 사전에서의 설명에 의하면 번역 회사에 따라 KJV는 "천사", NIV는 "하늘의 존재들" 표준 새 NASB, RSV 등은 "하나님"으로 번역하고 있네요. 그리고 이 성경사전 2093쪽을 보면 구약 성경에서는 하나님의 이름이 다양하다는 점을 지적하고 있는데, 그 명칭들을 보면 "셈 엘로힘", "오노마 투 데우", "엘", "엘 올람", "케도쉬 이스라엘(이스라엘의 거룩한 신)", "앗티크 요민", "엘로헤 이스라엘(이스라엘의 하나님)", "

에호바 닛시", "예호바 치드케느", "예뵈 체봐오트" 등등 그 이름이 허다한 것입니다. 우리가 지금 하나님이라고 부르는 명칭은 영어의 GOD 를 우리말로 하나님이라고 번역한 것인데, 그가 이스라엘의 신이라는 것을 지칭한 이름일 뿐 지구상의 다른 민족과는 아무런 상관이 없는 것입니다.

결론적으로 짤막히 마무리하면 <하나님은 이스라엘의 건국 할아버지, 이스라엘의 신일 뿐, 인류와는 아무런 관계가 없는 것입니다.> 따라서 우리가 그 하나님을 아버지, 아버지 하고 부르는 것은 정말로 소가 웃을 일입니다. 경청해 주셔서 감사합니다.

지정 토의

A 박사; 말씀 듣는 동안 처음부터 끝까지 손수건이 다 젖도록 실컷 울었습니다.

몇 해 전 제 선친이 돌아가셨을 때보다 더 울어야 했습니다. 내가 어릴 때부터 한 평생 내 아버지라고 믿고 의지해 온 하나님이 남의 할아버지라는 사실을 깨닫게 되는 순간 아버지를 잃어버리는 것 같은 슬픔과 허전한 느낌을 억누르기 힘들었고, 말씀을 계속 들으면서 점점 정신을 가다듬게 되면서부터는 내가 어째서 그토록 남의 할아버지를 내 아버지라고 믿을 정도로 어리석었었나 하는 자괴감이 동하면서 마음과 양심의 갈등을 심하게 느꼈습니다.

무엇보다도 이제부터 나의 앞날과 가족들 생활 수단이 걱정되기도 하면서 내 마음 속이 뭐가 뭔지 엉망진창이 되는 혼동과 갈등도 심히 느껴야 했습니다.

살아오던 중 오늘은 정말 슬프고 안타깝고 혼돈되고,,,자살하는 사람들의 심정까지 느껴지는 아픔을 맛보아야 만 했습니다.

이제 우리가 우리 신학생들에게, 그리고 앞으로 설교할 때, 기도할 때 뭐라고 거짓말을 해야 하는가 하는 갈등도 느껴봤습니다.

아마도 여러분들도 동감일거라고 생각됩니다. 목이 메어서 더 이상 말을 잇지 못하겠습니다.

죄송합니다.

공개 토론

박 목사; 저는 처음 부분 말씀을 들으면서 오늘 이 세미나에 온 것을 후회했던 게 사실입니다. 왜냐하면 남의 할아버지일망정 한 평생 내 아버지라고 믿어 온 사람이 설혹 내 진짜 아버지가 아니고 남의 할아버지라도 내가 그렇게 알고 의지해 왔으면 그걸로 족하지 무슨 족보는 따져 무엇 하나 하는 생각과 갈등 때문에 여기 괜히 왔다는 생각이었습니다.

점점 말씀을 들으면서 점점 내가 앞으로 뭘 해 먹고 사나 하는 걱정이 또한 태산 같아지면서 여기 온 것을 다시 후회하게 되었습니다. 그런데 말씀을 다 듣고 나서는 나도 최소한도 내 양심은 지켜야 하지 않을까 하는 생각을 해 보게 되었습니다.

집에 가면 아내와 좀 심각하게 의논해서 눈 딱 감고 그대로 목회를 할 것인가, 아니면 다른 업종을 구할 것인가를 의논해 봐야겠다고 생각됩니다. 솔직히 지금 교회서 받는 것 가지고는 자식들 교육비가 안 되어서 투잡 가지고 근근이 버텨오고 있는 처지인데, 이 참에 본업을 찾아야할 생각도 하게 됩니다.

기왕 말이 나온 김에 말씀이지만 사실 한 평생 내 친아버지보다 하나님 아버지를 더 열심히 찾았는데, 지금 와서 보면 애들 교육비도 해결해 주지 못한 그런 아버지를 더 이상 믿을 필요가 뭐 있겠나 하는 생각도 들고요. 하여간 좀 착잡합니다. 죄송합니다.

구약자들이 고발하는 하나님의 범죄

논문 2

구약은 이스라엘의 역사라고 정의하고 있습니다. 또 한편 구약은 예수 오실 것을 예언한 책이라 해서 신약과 더불어 성경으로 모시고 있습니다.

성경학자들의 대부분의 주석이 어거지 해석인 것처럼 이와 같은 구약의 정의도 구약의 23,143 구절을 눈을 똑바로 뜨고 편견 없이 일반서적을 읽는 태도와 자세로 읽으면 구약은 엄청난 뜻을 가지고 있다는 것을 깨닫게 됩니다. 구약은 한 마디로 구약의 저자들이 고발하는 여호와하나님의 범죄 기록이라고 해야 옳은 것입니다. 왜냐하면, 첫째, 구약 39권 23,143 구절 중 여호와하나님의 살상 기록이 1010 구절이나 되고, 둘째 그 구절들의 표현 방식, 즉 구사된 어휘들이 점잖거나 우회적으로나 간접적이 아니고 한과 증오에 사무친 필자들의 보복적 심정의 폭발이라 할 정도로 거칠고 야만스럽다는 점에 유념해야 합니다.

    예컨대. "갈쿠리로 아가리를 꿰고", "어린 아이들을 메어 던져 터뜨려 죽이고", "여호와의 손으로 아이 밴 여인들의 배를 가르사 그 창자를 들의 짐승들과 공중의 새들의 먹이로 주니라."고 표현하고, "여호와가 이스라엘 왕들의 눈알을 빼서 죽이고,", "여호와가 왕들을 세워 놓고 그 가죽을 벗겨 죽이고", "여호와하나님이 왕들의 손가락과 발가락을 자르고, 상 밑에 빵부스러기를 던져 그들이 주워 먹다 죽게 하고," 현대인으로서는 그 어느 나라 국민이라도 도저히 상상조차 할 수 없을 정도로 거칠고 포악한 표현으로 여호와하나님의 행실을 기록하고 있다는 것은 무엇을 뜻한다고 보아야 합니까? 성경을 쓴다는 목적으로 그와 같은 어휘들을 사용하였을까요? 신학 박사님들 좀 정신 차리고 구약 저자들의 집필하는 순간의 마음가짐과 심정을 꿰뚫어 보려는 노력이 있어야 한다고 생각됩니다.

아무리 이스라엘 백성이 노예백성이라 할지라도 적어도 구약의 저자들은 그 시대 선지자들이고 택함 받은 학자들이라는 점에 유념해야 합니다.

가령 오늘날 어느 소설가나 문필가가 이런 글을 감히 쓸 수 있다고 상상이나 할 수 있는 일입니까.

구약은 영락없이 그 시대 선지자들이 너무나도 두렵고, 분하고, 여호와하나님이라는 존재가 그 얼마나 악랄한 존재인지를 그 시대 사람들에게 전파하고, 후세의 인간들이 그를 경계하도록 주의를 주고, 또 가능하면 후손들의 손으로라도 그를 복수해 줄 것을 간절하게 호소하기 위해서 기록해 놓은 <여호와 하나님의 범죄 기록임>에 틀림없다고 보아야 하겠습니다.

만군의 주 여호와하나님께서 자기 백성 이스라엘 백성에 진노하여 그들을 징벌한 기록들을 보면 이스라엘 백성들이 너무 불쌍하게 느껴집니다. 그토록 잔인무도하게 이스라엘 백성들의 씨를 말리려고 수 없이 잔인하게 징벌하였는데도 오늘 날 이스라엘 백성의 종자가 어디에 숨어 있다가 지금 300만이나 되었는지 알다가도 모를 일입니다. (하긴, 구약 시대의 이스라엘 백성은 한 사람도 남지 않고, 지금의 이스라엘 국민은 전혀 다른 유태인들이라는 사실을 생태학적 역사학적으로 기록한 연구 책자들이 허다함)

도대체 여호와하나님께서 어떤 살상 도구와 방법으로 이스라엘 백성과 애급 백성을 학살했을까를 성경 구절에서 읽어 보면 정말로 몸서리 처집니다.

인간으로서는 예나 지금이나 도저히 상상조차 할 수 없을 정도로 잔인하고 야만적인 방법들이 총망라 되었습니다. 구약을 읽다 보면 우리가 이스라엘 백성이 아니라는 것이 얼마나 다행스런 일인가를 절실하게 느끼게 됩니다. 왜냐하면 여호와하나님은 이스라엘의 하나님이기 때문에 자기 백성에게 그토록 잔학한 범죄를 저질렀기 때문입니다. 그것도 모르고 소위 성경학자들이라는 자들은 이스라엘 백성을 하나님의 택함 받은 백성,

즉 하나님의 선민이라 해서 부러워하고 존경하는 나머지 구교에서는 입교할 때 이스라엘 이름까지 얻어 만들고, 예배할 때 여인들은 머리에 두건을 뒤집어쓰는 등 흉측한 모습들을 보이고 있는 것입니다.

여기서 한 가지 집고 넘어가야 하겠습니다. 관광업계나 기독교인들은 이스라엘 여행을 <성지 순례>라고 합니다. 그 악랄한 여호와하나님의 범죄가 벌어진 땅이고, 그 악한의 외아들 예수의 고향이라 해서 성지라 하는 것은 일제 강점기 친일파들이 동경을 본향이라고 하는 것과 다름이 없다고 하겠습니다. 말이 조금 빗나갔습니다만, 여호와하나님이 인간 학살에 동원한 살상 방법과 도구들을 성경에서 보면 다음과 같은 도구들이 총망라되어 있습니다.

나병(민12;10), 쓴물(민5;24), 염병(민16;49), 불뱀들(민21;6), 목매달음(민 25;4), 왕벌(신8;20), 소모는 막대기(사4;31), 관자놀이에 말뚝 박기(사4;21), 들가시와 찔레로 살을 찢기(사8;7), 멸망의 빗자루(사14;23), 유황과 불(창19;24), 큰덩이 우박(수10;11). 칼과 찢는 개와 삼켜 멸하는 공중의 새와 땅의 짐승(렘

15;3), 갈고리(왕하19;28/겔38;4) 등등 그 밖에도 현대인으로서는 도저히 상상조차 할 수없는 끔찍한 방법들이 총망라되어 있습니다. 그러기 때문에 기독교를 반대하는 입장으로 돌아선 신학박사들이 공통으로 지적하는 바에 의하면 기독교의 하나님은 악마보다 몇 배 더 악랄하다고 지적하고 있습니다. 이와 같은 살상 도구들을 어떤 때는 한 가지 만을 쓸 때도 있지만 어떤 때는 여러 도구들을 함께 동원해서 이스라엘 백성들의 씨를 말리려고 이로 형언할 수 없는 악랄한 집단 살상을 감행한 것입니다.

하나님은 도대체 어떤 존재이기에 그토록 잔인무도 할까요? 성경이 여호와하나님을 어떻게 표현하고 있는지 살펴볼 필요가 있습니다.

일반적으로 교회 예배 시간이나 교인들의 집회 시간에서 기도 인도 하는 사람들은 십중팔구 "사랑의 하나님", "사랑이 많으신 하나님", " 은혜로우신 하나님", "자비로우신 하나님" 등등 기도를 이렇게 하는 것이 입버릇처럼 되어 있습니다.

그러나 불행하게도 구약성경에서는 사랑의 하나님 이라든가, 하나님의 사랑이란 표현은 단 한 군데도 없다는 사실을 알아야한다. 성경을 교정본다는 마음으로 구약 전체의 23,143 구절을 뚫어지게 읽어 봐도 이런 표현은 전혀 발견되지 않습니다. 성경 사전(로고스편찬위원회 발행)에서는 하나님이란 용어를 해설하면서 "가까운 하나님"(렘23;23), "의뢰하는 네 하나님"(왕하 19;10), "나의 남으로부터 나를 기르시는 하나님"(창 48;15), "나의 힘이 되신 하나님"(시43;2, 116;5), "우리 하나님은 자비하시도다."(116;5), "내 의의 하나님"(시 4;10) 등 이렇게 하나님을 소개하고 있습니다.

이번에는 성경에서 하나님을 어떻게 표현하고 있는지 다시 한 번 성경 구절에서 살펴보겠습니다. 먼저 좋게 표현된 것부터 보면,

① (출 34;6) 여호와라. 자비롭고 은혜롭고 노하기를 더디하고 인자와 진실이 많은 하나님이시로다.

② (신 4;31) 네 하나님은 자비하신 하나님이시라.

하나님을 좋게 표현한 구절들은 위 두 구절 외에 별로 더 보이지 않습니다. 이번에는 하나님을 위와 반대로 표현한 구절들을 살펴보지요.

① (창 34;14) 여호와는 질투라 이름하는 질투의 하나님이시니라.

② (민 4;24) 네 여호와는 소멸하는 불이시요, 질투하는 하나님이시니라.

③ (렘 51;56) 여호와는 보복의 하나님이시니, 반드시 보응하시리로다.

④ (신 6;15) 너희 하나님 여호와는 질투하시는 하나님이신즉.

⑤ (신 20;21) 하나님께서는 눈에는 눈, 이에는 이, 손에는 손, 발에는 발로 복수하시며

⑥ (삼하 12;11) 하나님은 다윗의 여자들을 빼앗아 이웃들에게 주시며, 너는 밤에 그 일을 행하였으나 나는 모든 백성이 보는 앞에서 대낮에 그 일을 행하리라.

⑦ (사 17;12) 성소에 나가 기도할지라도 소용없으리라.

⑧ (사 63;3) 여호와는 분함으로 말미암아 내 민족

을 멸절하시며..

 구약성경에서 의외로 하나님의 성품에 대해서 표현을 절제하고 있는 듯싶습니다.

 문제는 한 개개인의 죄에는 별로 관심 없어 보이고, 연좌제에 의한 집단학살이 그의 솜씨라는 데에 명심할 필요가 있습니다. 여리고 성에 의인 다섯 명이 없어서 유황불로 성 전체를 초토화하였습니다. 한 번 진노하고 분하게 느끼면 그야말로 체온도 눈물도 없고, 인정사정없으며, 화를 냈다하면 모든 인간들뿐 아니라 들의 짐승이나 공중의 새들도, 또 저 푸른 숲도, 저 맑은 강물과 바다의 물고기들도, 땅에 기는 곤충들도 일시에 진멸하는 것이 하나님의 손버릇입니다.

 기독교는 지금까지 하나님을 너무 일방적으로 자비롭고 사랑이 많은 하나님으로 잘못 가르쳐왔습니다.

 악랄하고 몸서리치는 무서운 하나님의 면모를 너무 소홀히 가르쳐온 결과 십자가가 온 땅을 덮어놓고도 범죄는 계속 증가하고 있지 않습니까? 아이들이 울다가도 호랑이 온다 하면 뚝 그치는 것처럼 하나님이 노하신

다 하면 가슴이 섬뜩해서 범죄의 의도가 멈춰지도록 무서운 하나님의 면모를 가르쳐야만 하도록 한 것입니다. 엄밀히 따지고 보면 창세 이래 하나님만큼 인간을 살상한 자는 아직 없습니다. 저 히틀러도, 공산혁명으로 10억 인구를 죽인 마르크스 레닌도, 문화혁명으로 자기 동족 3천만 명을 죽인 모택동도, 6.25를 일으켜서 동족과 유엔군 450만 명을 죽인 김일성도 하나님의 살상 기록에는 미치지 못합니다. 『예루살렘의 광기』라는 책을 읽으면 한 신부가 10여 년간 예루살렘에 머물면서 문헌 고찰, 현지답사 등 모든 연구방법들을 동원해서 연구한 결과 그는 "인간 본성에 내재하는 것으로 보이는 상호 증오, 살인 충동, 전쟁 본능 등 부정적 감정들은 전부 종교라는 틀을 통해서 하나님으로부터 학습된 결과"라고 지적하고 있습니다.

하나님이 인간을 살상한 성경구절들이 구약 전체에 1,010 구절이나 될 만큼 구약의 저자들이 하나님의 범죄를 방대하게 기록하고 있습니다. 성경책을 들고만 다니지 읽지 않는 독자들의 이해를 돕기 위해서 아래에 몇 구절을 보기로 예시코자 합니다.

(1) (삼상 18;27) 블레셋 사람 200명을 죽이고 그들의 가죽을 가져다가.

(2) (삼하 2;23) 창 뒤끝으로 그의 배를 찌르니 창이 그의 등을 뚫고 나간지라.

(3) (삼하 24;15) 여호와께서 그 아침부터 정하신 때까지 전염병을 이스라엘에 내리시니 단에서부터 브엘세바까지 죽은 자가 칠만 명이라.

(4) (왕상 21;19) 여호와의 말씀이 개들이 피를 핥은 곳에서 네 몸의 피도 핥으리라 하였다 하라.

(5) (왕상 21;24) 성읍에서 죽은 자는 개들이 먹고 들에서 죽은 자는 공중의 새들이 먹으리라고 하셨느니라.

(6) (왕하 15;16) 그러므로 그들이 그 곳을 치고(하나님의 명령에 따른 것) 그 가운데에 아이 밴 여인들의 배를 갈랐더라.

(7) (왕하 19;17) 성위에 앉은 사람들도 너희와 함께 자기의 대변을 먹게 하고 자기의 소변을 마시게 하신 것이 아니냐? (하나님의 소행 중에는 이처럼 지저분한 범죄도 허다하다.)

(8) (잠 1;12) 음부같이 그들을 산채로 삼키며, 무덤에 내려가는 자 같이 그들을 통째로 삼키자.

(9) (사 15;23) 내가 또 그것이 고슴도치의 굴혈과 물웅덩이가 되게 하고, 또 멸망의 빗자루로 청소 하리라.나 만군의 여호와의 말이니라.

(10) (사 15;30) 가난한 자의장자는 먹겠고, 내가 네 뿌리를 기근으로 죽일 것이요, 네게 남은 자는 살육을 당하리라.

(11) (겔 29;5) 너와 너의 강의 모든 고기를 들에 던지리니 내가 너를 (이스라엘 백성을) 들짐승과 공중의 새의 먹이로 주었음이라.

(12) (겔 32;4.5.6) 내가 너를 물에 버리며 들에 던져 공중의 새들이 네 위에 앉게 할 것이며, 온 땅의 짐승들이 너를 먹어 배부르게 하리로다.
내가 네 살점을 여러 산에 두며 네 시체를 여러 골짜기에 채울 것이요, 네(이스라엘) 피로 네 헤엄치는 땅에 물대듯 하여 산에 미치게 하며, 그 모든 개천을 채우리로다.

(13) (사 50;26) 내가 너를 억압하는 자들에게 자

기의 살을 먹게 하며 새 술에 취함같이 자기의 피에 취하게 하리니.

(14) (사 63;6) 내가 노한으로 말미암아 무리를 밟았고, 분함으로 말미암아 그들을 취하게 하고 그들의 선혈이 땅에 쏟아지게 하였느니라.

(15) (미3;2.3) 내 백성의 가죽을 벗기고, 그 뼈에서 살을 뜯어내어 그들의 살을 먹으며, 그 가죽을 벗기며 그 뼈를 꺾어 다지기를 냄비와 솥 가운데에 담을 고기처럼 하는 도다.

(16) (민 25;8) 이스라엘 남자와 그 여인의 배를 꿰뚫어서 죽이니.

(17) (민 31;40)나귀가 삼만 오백 마리라. 그 중에서 여호와께 공물로 드린 것이 육십 마리요, 사람이 만 육천 명이라, 그 중에서 여호와께 공물로 드린 자가 삼십 명이니(실로 놀라운 일이다. 하나님이 얼마나 무서우면 사람을 잡아 여호와하나님께 제물로까지 바쳤을까요.)

(18) (신 8;20) 네 하나님께서 또 왕벌을 그들 중에 보내어 그들의 남은 자와 숨은 자를 멸하시리니.

(19) (신 28;61) 모든 질병과 모든 재앙을 네가(

이스라엘) 멸망하기까지 여호와께서 네게 내리시리니.

(20) (삿 8;7) 내가 들가시와 찔레로 너희(이스라엘 백성의) 살을 찢으리라.

(21) (삼상 11;2) 내가 너희 오른 눈을 다 빼어야 너희와 언약하리라.

(22) (민16 ;22) 그 두 사람이 엎드려 이르되 하나님이시여 모든 육체의 생명의 하나님이여 ,한 사람이 범죄 하였거늘 온 회중에게 진노하시나이까?

(23) (민 21;6) 여호와께서 불뱀들을 백성 중에 보내어 (이스라엘) 백성을 물게 하심으로 이스라엘 백성 중에 죽은 자가 많은지라.

구약 성경 속에 천여 구절들이 이와 같이 살벌하고 끔찍하고 감히 상상조차 하기 싫은 문장과 어휘들과 표현으로 성경을 도배질해 놓았는데, 구약의 저자들이 과연 이런 것을 성경으로 쓰라고 집필하였겠는가를 양심에 손을 얹고 곰곰이 반성해 봐야하겠습니다.

구약의 저자들이 저 땅 속에서 2천여 년 동안 그들의 집필의 목적을 왜곡하고 그 본심을 몰라주는 소위 성경학자들에게 분노와 저주를 보내고 있을 것이 아닌가 심히 염려됩니다.

이제 우리가 이 세미나를 통해서 도무지 몽매한 기독교계를 향하여 크게 경종을 울리고, 이제라도 성경 집필자들의 의도를 널리 광포한다면 틀림없이 그 모든 성경 집필자들의 영혼이 우리와 함께 할 것이라는 강한 믿음이 생깁니다. 다시 강조하거니와 <구약은 성경이 아니라 집필자들이 고발하는 여호와하나님의 범죄기록이라고 해야 마땅한 것입니다.> 경청해 주서서 감사합니다.

지정 토의

B 박사: 발표를 듣는 동안 어쩌면 그렇게도 2천여 연간이나 성경 집필자들의 집필 의도를 외곡하고 눈곱만큼이라도 저들의 심정을 알아주는 목소리가 없었던데 대하여 저들의 영혼이 땅속에서 통곡하고 있는 장면이 눈에 선하게 보여서 명색이 성경을 공부해서 박사까지 했다는 것이 너무나 창피하다는 자책감에 정말로 고통스러웠습니다. 신학교의 교재는 몇 천 년 전이나 몇 백

년 전이나 몇 십 년 전이나 고치지 못하고 옛날 호랑이 담배 태울 때에 선배들이 주장한 것을 신앙이라는 이름으로 물려받아 사용하고 있고, 추호라도, 일점일획이라도 의심을 품거나 딴 소리 하면 곧 죄가 되기 때문에 오늘 이와 같이 너무나 뻔한 사실을 우리가 전혀 눈치 채지 못하고 오늘까지 온 점에 대해서 진심으로 반성해야겠다고 아프게 느꼈습니다.

맞습니다. 우리는 이제부터라도 성경 집필자들의 뜻을 받들어 하나님에 대한 보복 작전을 전개해서 지금까지의 인류사를 통해서 여호와하나님으로부터 당한 억울한 한을 우리 후손들이 들고 일어나 그 한을 풀어주는 현명한 후손의 길을 가야겠다고 다짐하게 됩니다. 하긴 중세 시대를 암흑시대라 하지요.

가톨릭 세력의 제정일체 시대라서 교회의 비위에 거스르면 가차 없이 처형한 것입니다. 이송오 목사가 『바이블 파워』라는 저서에서 지적한 것을 보면 중세기에 가톨릭이 6천 8백만이나 살육을 했다는 것입니다.

이것도 결국 여호와하나님한테서 배운 것이 틀림없지요. 그러고 보면 여호와하나님은 이 세상에 집단 살상을 그의 창조 계획 속에 미리부터 넣어 놓았었다고 보입니다.

화나서 죽이고, 뭐가 그리 분한지 분해서 죽이고, 눈에 거슬려서 죽이고, 기분 나빠서 죽이고, 미워서 죽이고, 종자를 없애려고 죽이고,. 여호와하나님이야 말로 심심풀이로 인간을 살육한 것으로 보입니다. 이와 같이 끔찍한 하나님을 우리는 지금까지 숭배하고 신앙해 왔으니 참으로 어리석고 어리석었다고 느껴집니다.

이제부터 우리 여기 모인 소수지만 힘과 시간과 정성을 바쳐서 구약 저자들의 심정을 위로하고, 극악무도한 하나님에 대한 일대 반격 작전을 펴는 계기로 삼을 것을 제안하면서 제 의견을 이만 마치려고 합니다.

감사합니다.

공개 토론

C 목사: 발표를 들으면서 여러 가지로 착잡한 마음 억누를 수가 없었습니다.

첫째, 그토록 성경 집필자들의 집필 목적이 뚜렷한데 어째서 2천여 년이나 그것이 성경으로 취급되어 올 수 있었을까 하는 의문이 생깁니다. 그리고 옛날에는 신약과 구약이 따로 나왔었는데 언제부터인가 신, 구약이 합본으로 나오기 시작하면서부터 그것도 세계 최고의 베스트 셀라가 되었습니다.

이제라도 구약은 성경책에서 떼어내야 하겠다는 생각이 굳어지게 됩니다. 사실 구약은 옛날부터 배척되어 온 것이 사실 아닙니까! 예컨대 미국의 제 3대 대통령 토마스 제퍼슨은 "구약에 나오는 이야기들에 의하면 하나님은 무자비하고, 복수심에 차있고, 변덕스럽고, 구약은 하나님의 말씀이 아니고 악마(Demon)의 기록이다. 기독교가 하나님의 권위를 지켜주기를 원한다면 구약은 폐기해야 한다."고 일찍이 갈파한 바 있습니다. 그리고 16세기 바티칸의 트리엔트 공의회에서는 구약은 일반 신도는 물론 일반 신부들도 읽지 못하도록 금독령을 내리고, 구약은 연구하거나 구약에 대해서는 일체의 발표를 금했던 것입니다. 그 덕분에 구약이 그 모양 그 꼴로 오늘날까지 버텨왔는데 이번 이 세미나가 그 문제점의 심각성을 참으로 통쾌하게 잘 지적하고 있다고 믿어집니다.

그런 뜻에서 이번 세미나는 가히 역사적 행사라고 믿어집니다. 감사합니다.

여호와 하나님의 어린이 집단 학살

논문 3

인간이라면 아무리 흉악한 살인범이라도 어린이와 젖 먹는 갓난아기는 죽이지 않습니다. 그런데 이스라엘과 애굽의 어린이와 젖 먹는 갓난아이들은 여호와하나님한테 무수히 집단 학살을 당했습니다.

그 죽이는 방법도 메어 던져 터뜨려 죽이기도 하고, 심지어 아이 밴 여인의 배를 갈라서 그 태아까지 여호와의 손으로 끄집어내서 들의 짐승들과 공중의 새들의 먹이로 주기도 하였습니다. 인간으로서는 가히 상상조차 할 수 없는 방법으로 여호와하나님은 그 순진한 어린이들을 무수히 학살했던 것입니다.

이것이 어느 살인 소설에 나오는 얘기가 아니고, 버젓이 성경 행세를 하는 구약성경 속에서 나타나는 표현들입니다.

이것이 성경일 수 있을까요?

이러고도 거룩하신 하나님, 사랑이 많으신 하나님, 자비하신 하나님, 복 주시는 하나님이라고 입버릇처럼 뇌까리고 있는 기독교인들의 기도 소리를 계속 듣고만 있어야 하나요? 바로가 예수 출생 당시 이스라엘의 남자 아이는 다 죽이라고 한 것도 실은 여호와하나님에게서 배운 한 수인 것 아닙니까?

여호와하나님은 애급의 장남뿐 아니라 짐승까지도 처음 난 것은 몽땅 죽였던 기록을 우리가 구약에서 읽으면서도 그 무자비함과 흉악함을 전혀 느끼지 못하고 그저 하나님이 한 일이니까 무턱대고 은혜롭고 사랑이 많다고 입버릇 기도를 반복해 오고 있는 것입니다.

기독교인들! 특히 기독교 지도자들! 목회자들은 피

나는 눈물로 회개해야 합니다. 자기들 자신들이 착각하는 것도 문제려니와 이처럼 잔인무도한 하나님을 경외하고 숭배하라고 가르치는 것도 실은 인류에 대한 죄악이 아닐 수 없습니다.

우리가 이스라엘에 태어나지 않은 것이 얼마나 다행한 일입니까?

반면 이스라엘에 태어나는 것처럼 불행하고 두려운 일은 없을 것입니다. 여호와하나님이 이스라엘의 어린이들을 집단 학살한 기록이 구약 속에는 적어도 78 구절이 또렷하게 나타나고 있습니다. 이스라엘 밖의 어린이를 죽인 것은 애급의 장자들의 경우뿐이고, 그 밖의 5대양 6대주의 어린이에 대해서는 전혀 손을 댔다는 기록이 없는 것만 봐도 소위 여호와하나님은 오로지 이스라엘의 하나님일 뿐, 세상 인류와는 아무런 관계가 없다는 방증인 것을 깨달아야 합니다.

구약성경의 맨 앞부분에 속하는 창세기 6장 6절과 7절에서 보면 창조주 하나님은 인간 창조 초기부터 인간 창조한 것을 후회 하였습니다. 창조와 동시에 인간 멸살! 도대체 하나님이라는 존재의 IQ가 100도 못되는 바보가 아니고서야 어떻게 자기가 만든 것을 금방 몽땅 망가뜨릴 수가 있겠는가를 생각해 봐야 합니다. 하나님은 바보라고 해도 변명의 여지가 없습니다. 창세기는 우주와 인류를 말 그대로 창세한 기록인데, 그 맨 앞부분에서부터 창세한 것을 후회해서 내가 왜 사람을 만들었던가 하고 마음이 아팠고, 7절에서는 "내가 지어낸 사람이지만, 땅 위에서 쓸어버리리라. 공연히 사람을 만들었구나.

사람 뿐 아니라 땅 위를 기는 것과 공중의 새까지 모조리 없애 버리리라. 공연히 만들었구나." 하고 탄식한 것입니다. 이처럼 창세 초부터 하나님은 인간 뿐 아니라 들의 짐승과 공중의 새까지도 모두 쓸어버리기로 마음먹었기 때문에 어린이들이라고 그의 분노와 화풀이에서 예외가 될 수 없었던 것이었습니다.

그런 의미에서 지금 이 자리에서 왜 하나님은 그 순진한 어린이들을 무수히 학살하였는가를 묻는 것 자체가 의미 없는 일인지도 모릅니다.

기독교를 대표하는 미국의 신학자들과 기독교의 성서, 특히 구약을 하나님의 말이 아니라 악마의 글이라고 주장하는 학자들 간에 수세기 동안 첨예하게 대립된 채 해결되지 않고, 기독교 신학자들이 설득력 있는 대답이라기보다 궁색한 변명만으로 버티고 있는 몇 가지 명제가 있습니다. 역사를 두고 논쟁 중이지만 해결의 실마리가 보이지 않는 명제가 몇 가지 있는데, 리 스트로벨(lee strobel)이 그의 저서『 The Case for Faith 』라는 책에서는 그런 쟁점을 8 가지로 요약해서 양쪽 주장을 명료하게 정리하고 있습니다. 그 여러 가지 쟁점 중 가장 핵심적이면서 기독교 이론가들이 얼버무리고 있는 쟁점은 두 가지로 요약 됩니다.

첫째, 왜 여호와하나님은 순진한 어린이들을 그토록 수 없이 학살하였는가 하는 점과, 둘째, 하나님은 왜 억조창생 수천 수억만 년을 어거해야할 이 지구를 창조해 놓고, 문화인류학계의 정설에 의하면 인류의 역사가 자그마치 200만년이라는데 겨우 2천 년 전에 그의 독생자 딱 한 명 예수만을 지상에 보내놓고 그제야 예수만이 길이요, 진리요, 생명이니 그로 말미암지 않고는 자기에게 오는 길이 없다 하고, 한 수 더 떠서 천국은 낙타가 바늘구멍으로 들어가는 것보다 힘들다 했으니, 도대체 하나님은 인류를 구원하겠다는 거냐, 뭐냐 하는 질문에 대해서 기독교 측 신학자들은 아직 속 시원한 충분한 논리를 제시하지 못하고 있는 형편입니다. 성경과 관련해서는 수 없이 많은 논쟁이 있으나, 여기서는 구약에서 순진한 어린이와 영아를 수없이 집단학살한 기록을 중심으로 논리를 정리해 보기로 합니다.

구약에서는 어린이를 한두 명이 아니고 한꺼번에 몽땅 집단학살한 기록이 78군데나 나옵니다. 이 구절들에 대한 기독교 대표 이론가들이 공식적으로 내놓는 변명은 정말 가소롭습니다. 소와 개가 웃을 일들입니다. 변론인즉, "그 어린것들을 그대로 놓아두면 그 사회 상황을 봐서 그들이 커서 죄에 물들 것이 뻔하기 때문에 그들을 선악에 대한 판단력(accountability라 표현하고 있슴)이 생기기 전에 데려가 천국에서 영생하게 하기 위해서 자비(mercy)를 베vnfdms 것이라 하는 것이 기독교 이론가들의 대표적 변론이고, 또 어떤 신학자는 하나님이 어린이들을 학살하기 전에 미리 경고 했는데도 여호와의 말을 경시해서 피란 가지 않았던 어린이들이 학살 당했다는 궁색한 변명을 명문화 하고 있다는 것입니다.

성경 어디에도 아이들을 죽일 테니 미리 피하라고 경고한 구절은 반 토막도 없습니다.

여기서 잠시 생각해야할 일이 있습니다.

즉 도대체 어린이들이 크면 그 사회의 악에 물들까봐 미리 데려가셨다면 그 하나님은 오직 이스라엘과 애굽의 어린이들 만 데려가고 지구 5대양 6대주의 다른 나라 어린이들에게는 왜 그와 같은 자비를 베풀지 않았을까요? 명색이 전 인류의 하나님이라면서. 그리고 어차피 죄악이 편만한 이 지구상에 인간을 창조한 것을 후회했다면서 애당초 새 생명들을 왜 만들었는가? 전지전능하다면서. 또 두 번째 변론인 하나님께서 징벌을 미리 경고했는데 하나님의 경고를 무시하다가 학살당했다고. 그 어린것들이 하나님의 경고를 들을 나이도 아니고, 설사 이해했다한들 그들 자신은 피난 갈 능력이 없는 어린이와 영아들이 아닙니까? 걸음마도 변변치 못한 어린것들이 피난 가지 않았다고 학살? 그런 하나님을 어떻게 경배(worship)하라는 것인가 하는 것이 비기독교 학자들의 반론입니다. 그리고 이 순간 우리가 신경을 써서 이해해야할 점이 있습니다. 즉, 비기독교적인 학자들도 실은 원래는 기독교의 신학교에서 신학 박사 학위까지 받은 학자들인데, 나중에 뒤늦게 성경의 모순을 깨닫고 돌아서서 기독교 타도 운동을 하고 있는 학자들이라는 사실에 유념할 필요가 있습니다.

여호와는 이스라엘 백성의 씨를 말리려고 코로 숨쉬는 모든 생명과 어린이와 영아는 물론 아이 밴 여인의 배를 갈라서 그 속의 태아까지도 끄집어내서 들의 짐승들과 공중의 새들의 먹이로 주었다는 구절이 구약 속에서 자주 나옵니다. 비기독교적 신학 박사인 로버트 윌슨(ROBERT WILSON)은 "구약은 페이지마다 하나님이 순진한 어린이와 영아들을 무수히 집단 학살하였다."고 그의 저서에서 적고 있을 정도입니다. 에스겔서 5장 17절을 보면 "나는 너희에게 한재를 내릴 뿐 아니라, 맹수도 보내어 너희 자식을 잡아먹게 하겠다. 또 염병이 휩쓸고 피 흘리는 싸움이 터지게 할 것이다. 정령 나 여호와가 하는 말이다."고 겁을 주고 있지요. 그리고 또 에스겔 6장 12절에서는 "멀리 있는 자는 염병에 죽겠고, 가까이 있는 자는 칼에 맞아 쓰러지겠고, 성 안으로 들어 온 자는 굶어 죽겠구나. 그제야 내 (여호와의) 노여움이 풀리리라."FK 하고, 에스겔 8장 18절에서는 "나도 이제는 화나는 대로 하리라. 가엽게 여기지도 아니하고 불쌍히 보지도 아니하리라. 그들이 내 귀가 찢어지도록 소리를 질러도 들어주지 아니 하리라."고 못을 박고 있는 것입니다. 그리고 그 9장 6절에서는 구체적으로 "노인도, 장정도, 처녀도, 어린이도, 부인도 죽여 없애라."고 명령을 내리는 것입니다. 또 에스겔서 14장 21절에서는 "주 여호와가 말한다. 내가 예루살렘에 적군을 끌어 드리고, 기근이 들게 하고, 맹수가 들끓고 염병이 퍼지게 하리라. 이렇게 네 가지 재앙으로 예루살렘을 벌하여 사람과 짐승을 없애리라."고 극단적인 폭언을 한 것입니다.

이번에는 또 여호와하나님이 자기 손으로 직잡 죽이지 않고 제 어미와 아비를 시켜 제 자식을 잡아먹도록 명하고 있습니다. "내 백성의 수도가 망하던 날에는 먹을 것이 없어 자애로운 여인도 제 자식을 잡아 끓여 먹고 (에레미야 4장 10절), 또 아비가 제 자식을 잡아먹고, 자식들이 제 아비를 잡아먹게 되리라."(에스겔 5장 10

절). 여호와의 진노는 여기서 그치지 않습니다. "나는 너에게서 태어난 것들을 칼에 맞아 죽게 하리라. 네 아들딸들을 더러는 잡아가게 하고 남은 것은 불에 태워 죽이게 하리라." 하고, "회중으로 하여금 그들(아이들)을 돌로 치고 칼로 베게 하여라. 그들의 아들·딸들도 죽이고, 집에는 불을 질러 사르게 하여라."(에스겔 23장 47절). 또 너희가 버리고 간 너희의 아들딸들을 칼에 맞아 쓰러지게 하리라." 호세아 9장 16절에서는 "아이를 낳아도 그 귀여운 갓난이를 나는 죽이리라." 아모스 1장 13절에서는 임신한 여인의 배까지 가르며 아모스 4장 2절에서는 몸서리치는 맹세까지 하고 있는 것입니다.

"주 여호와께서 당신의 거룩하심을 걸고 맹세하신다. 너희를 갈고리로 끌어내고 너희 자식들을 작살로 찍어낼 날이 이르렀다."고 극악한 폭거를 하는 것입니다.

여호와하나님은 이토록 자기 백성을 쓸어버린 외에 애굽에서도 한밤 중 여호와께서 이집트 땅에 있는 모든 맏이들을 쳐 죽였습니다. (출애굽기 12장 29절).

열왕기 하 8장 12절에서는 "이스라엘 요새에 불을 지르고, 젊은이들은 칼로 쳐 죽이고, 어린 아이들은 메어

쳐 죽이며, 임신한 여인들의 배를 가를 것이오", 또 열왕기하 2장 24절에서는 하나님의 손으로 직접 죽인 게 아니고 암곰 두 마리를 숲에서 나오게 해서 아이들 42명을 찢어 죽이도록 하였습니다. 아! 여호와하나님은 정녕코 이토록 무자비하고 잔인한가? 아니면 구약의 저자들이 하나님의 범죄를 극대화하기 위해서 과장 표현을 한 것인가? 집필자들이 분하고 한이 맺혀서 하나님을 최대한 극악한 존재로 일부러 그렇게 묘사한 면이 결코 없지 않다고 보이는 것입니다.

구약 시대의 이스라엘 백성의 어린이들은 하나님한테 학살당하고 제 부모한테 잡혀 먹히는 등 너무나 불행하였습니다.

열왕기하 6장 28~29절에서는 "이 여자가 저에게 말하기를 오늘은 당신의 아기를 잡아서 같이 먹고, 내일은 우리 아기를 잡아먹읍시다 고 했더니 자기 아이를 감춰 버렸습니다." 하고 고자질까지 하고 있습니다.

여호와하나님이 이스라엘의 어린이들을 살상한 수법(기독교 대표 이론가들이 말하는 바로는 여호와께서 어린이들에게 자비를 베푼 방법)은 칼로 죽이고, 갈고리로 꿰고, 염병과 문둥병을 퍼뜨려 죽이고, 맹수들을 불러 물어 찢어 죽이고, 어린것들을 메어쳐 터뜨려 죽이고, 불살라 죽이고, 지아비와 어미의 손으로 찢어 죽이고, 삶아 죽이고, 맷돌에 뼈까지 갈아 죽이고, 그 피로 강을 이루도록 하고, 여호와의 칼에서 피가 뚝뚝 떨어지고, 그 칼날에 기름이 엉기도록 여호와하나님이 이스라엘의 그 어린이들과 젖먹이들을 무참히 집단 도륙을 하였다고 기록되어 있는 것입니다. 바로 이것이 여호와하나님의 진면목인데도 불구하고 기독교에서는 사랑이 많으신 하나님, 자비로우신 하나님, 은혜로우신 하나님이라고 계속해서 잠꼬대를 하고 있는 것이 그 얼마나 우습고 한심한 일입니까? 이만 그치도록 하겠습니다. 경청해 주셔서 감사합니다.

지정 토의

D 박사: 이 발표를 들으면서 지금까지 옥이야 금이야 소중하게 보관하고 있는 박사 학위기를 불태우고 산으로 들어가고 싶은 심정이 북받쳐오르는 것을 정말로 참기 어려웠습니다. 사람이라면 제아무리 극악무도한 살인마라도 지금 우리가 들은 그와 같은 방법과 그토록 많은 어린이들을 집단학살 한 예가 없지요.

오늘 우리가 들은 얘기는 전부 성경 구절들이고, 그 어떤 살인 엽기 소설의 얘기가 아니지 않습니까. 이것이 성경의 진면목인데도 우리들은 그런 눈치는 전혀 눈치를 채지 못한 채 평생 성경을 들고 다니면서 숭배하고, 은혜 받고, 그렇게 교인들과 신학생들에게 가르쳐 왔다는 것이 얼마나 어리석었는가 하는 자괴감으로 정말 고통스러웠습니다. 어째서 이토록 선명하게 여호와 하나님은 극악무도한 살인마인데 그런 냄새조차 못 맡고 그저 하나님, 하나님 하고 그를 우러러 모시기 만 해 왔을까. 나 자신이 너무나 바보스러웠다는 것을 통회하게 됩니다. 오늘 저는 여기서 한 가지 중요한 제안을 하는 바입니다.

다름이 아니라, 우리는 이 세미나를 대외비, 심지어 하나님도 모르게 하자고 지금 이 순간까지도 철저하게 대외비로 진행해 왔습니다만, 지난 2박 3일간 내용을 듣고 토의하면서 진실을 깨닫고 보니 이 내용들이야말로 성경 역사 2천여 년에서 처음 주장되는 해석들이고, 우리가 토의한 내용들이야말로 진리 중의 진리요, 진실 중의 진실임이 너무나 확실하고, 또 이 내용들이야말로 우리만 알고 숨길 것이 아니라 천지 사방 세상에 널리 알리고 몽매한 기독교를 깨우치는 일에 우리 힘을 모아야겠다고 믿어집니다.

우선 이 세미나가 끝나는 대로 우리가 발표하고 토의한 내용들을 인쇄물로 출판할 것을 제안하는 바입니다. 감사합니다.

공개 토론

　　E 목사; 우리가 지금까지 거짓 신학, 거짓 신앙에 속아 온 것이 너무나 분하다는 생각입니다. 또 그렇게 가르쳐 온 나의 일생과 행실이 너무나 부끄럽습니다.

　　당장 이 세미나가 끝나고 귀가하면 또 목회를 해야 하고, 이번 주일 설교 준비도 해야 할 텐데 도저히 더 이상 내 양심을 속일 수가 없다고 생각되면서 앞으로 내 인생을 어떻게 할 것이냐 하는 고민이 심각해집니다. 지금까지 내가 속아왔고, 교인들을 속여 온 셈인데, 이 죄를 속죄하기 위해서도 방금 제안하신 D 박사님의 말씀과 같이 이제는 이 세미나에서 깨우치고 뉘우친 바를 주변에 널리 광포하고 하나님에 대한 일대 반격, 보복 운동을 전개하는데 헌신해야겠다는 생각이 듭니다.

　　집에 가는대로 우선 집 식구들을 깨우치는 일이 급한데, 그들이 내 얘기를 쉽게 들을는지 걱정도 됩니다. 우선 내 식구들도 깨우치지 못한다면 앞으로 세상을 깨우치는 일은 더 힘들 것 아니겠는가 하는 생각도 해 보게 됩니다. 따라서 우리의 이 각오와 깨달음을 결실하기 위해서라도 앞으로는 비공개가 아니라 공개적으로 대중을 상대로 하는 세미나를 자주 전국으로 돌면서 실시할 것을 제안하는 바입니다. 가진 것은 없어도 그런 일이라면 우리가 바칠 수 있는 것은 시간과 정력뿐이니까 성의껏 참여하겠다는 약속을 드리면서 이만 제 소감을 그치겠습니다. 하고 싶은 말은 밤을 새워서 토해내고 싶을 만큼 북받치지만 시간 상 이만 하겠습니다.

정말로 감사합니다.

폐회사

　이 장로; 이 세미나 개최자의 한 사람으로서 우선 지난 2박 3일 간 열렬히 참여해 주시고 또 좋은 말씀 주신데 대해서 진심으로 감사드립니다.

　지난 며칠은 정말로 감동의 순간들이었습니다. 이럴 때 쓰는 말로 우리가 평생 교회 생활을 통해서 배워 온 말은 "은혜로웠다"는 표현입니다만 그런 의미에서 정말로 은혜로웠다고 표현됩니다. 그러나 곰곰이 우리의 이 감동을 표현할 수 있는 말은 "깨닫는 기쁨"이라고 표현 하고 싶습니다. 세상에 기쁨의 종류는 엄청 많습니다만 우리가 이 순간 느끼는 감동이야말로 "깨닫는 기쁨"으로서 얼마나 강렬한 기쁨인지 저는 정말로 처음 느껴보게 되는 것입니다. 이 기쁨, 이 깨닫는 기쁨을 여기 있는 우리 몇 명으로 그칠 것이 아니라, 이 기쁨을 세상 널리 알리고 퍼뜨려서 동지들을 규합하는 일에 앞으로 남은 인생을 바쳐야겠다는 각오도 하게 됩니다.

　구약성경 집필자들이 저 하늘에서 지난 3일 우리를 내려다보면서 이 기쁨에 동참하고 있었을 것으로 믿어집니다. 어떤 의미에서는 우리들보다 그분들이 더 기뻐하지 않았을까도 생각해 봅니다. 그들이 구약을 집필할 당시의 목적을 알아주는 인간이 이제야 나타났다는 기쁨이야말로 저 나라에 간 이래로 처음 느끼면서 하늘나라에서 잔치라도 벌이고 있지 않나 싶습니다.

여러분들이 토론 과정에서 제안해 주시고 가르침 주신 바와 같이 앞으로 우리가 깨달은 것을 세상에 널리 알리는 일을 구상하는 대로 여러 분들에게 알려드리면서 이 사명을 다하겠다는 각오를 말씀 드립니다.

내일부터 김 장로와 저는 다시 계속해서 구약 속에 기록된 여호와하나님의 범죄 사실에 대해서 자세하게 공부를 계속해 나가겠습니다. 김 장로와 저는 대학에서 철학 공부는 좀 했으나 신학 공부는 전혀 해보지 않았기 때문에 앞으로 공부를 계속하는 중 모르는 것이 있으면 전화로 실례를 드리는 일이 있더라도 너그러이 양해하시고 계속 지도편달 부탁 올리는 바입니다. 그간 숙식에 불편이 있었으리라 생각됩니다.

양해를 부탁드립니다. 감사합니다.

제 3편

여호와하나님의 범죄에 대한 기록 Ⅱ

여호와 하나님의 집단 학살

13

이 장로   지난 3일은 정말로 깨닫는 기쁨에 들떠 있었는데 이제 그 흥분을 가라앉히고 다시 성경 공부를 시작하도록 하세. 오늘부터는 열왕기 상서를 공부할 차례일세.

구약학자가 성경 속에 주석을 달아 놓은 것을 보면 열왕기 상서는 "국가와 왕과 백성의 배후에 역사의 주관자이신 하나님이 계심을 보여주기 위한 목적과 하나님에 대한 순종 여부가 국가의 흥망성쇠와 관계됨을 보여

주기 위해서" 기록했다는 거야. 그런데 성경 구절들을 보면 그 2장부터 벌써 살인의 얘기로부터 시작한단 말이야.

32절에 보면 "여호와께서 요압의 피의 행위를 그의 머리로 돌려보내시리니, 저가 자기보다 의롭고 선한 두 사람을 쳤음이니라.

곧 이스라엘 군대 장관 넬의 아들 아브넬과 유다군대 장관 예델의 아들 아마사를 칼로 죽였음이라."고 살인 스토리가 시작 되지. 그 뒤를 이어 11장, 12장도 살인 얘기가 나오고, 13장에서는 "여호와께서 그에게 하신 말씀과 같이 여호와께서 그를 사자에게 붙이시매 사자가 그를 찢어 죽였더라."는 기록이 있지.

김 장로   지난 3일간 세미나를 통해서 여호와하나님의 정체가 곧 살인마라는 것을 깨달았지만 역사의 주관자라는 주석과 연결해서 그 뜻을 해석해 보면 여호와하나님의 역사 주관 방법이 곧 살상과 학살이란 얘기가 되는구먼.

역설적으로 말하면, 살상과 학살이 아니면 여호와의 역사주관 방법이 달리 없다는 뜻도 되는 거 아닌가?!

이 장로   그 해석이 맞는 것도 같네. 14장에서도 계속 살인 얘기가 나오는데 15장에서 보면 "바아사가 나답을 죽이고"(28절), "왕이 될 때에 여로보암의 온 집을 쳐서 생명 있는 자를 하나도 남기지 아니하고 다 멸하였는데, 여호와께서 그 종 실로사람 아히야로 하신 말씀과 같이 되었으니"(29절)라고 기록하고 있지.

김 장로   그 뒤에 이은 16장도 똑 같은 스토리군. 4절이 눈에 들어오는데 "바아사에게 속한 자가 성읍에서 죽은 즉 개가 먹고, 들에서 죽은 즉 공중의 새가 먹으리라 하셨더라."는 구절이 있는데, 하나님은 들의 짐승과 공중의 새들까지도 인간의 양식으로 지은 것이 아니고, 인간 살상의 도수로 써먹을 의도도 가지고 맹수와 사나운 새들까지 만들었다는 얘기가 아닌가.

10절도 죽이는 얘기지만 11절에서는 "시므리가 왕이 되어 그 위에 오를 때에 바아상의 온 집을 죽이되 남자는 그 족속이든지 그 친구든지 하나도 남기지 아니하고"라고 적혀 있구먼.

이 장로   맞아! 끔찍한 글은 18장에서도 마찬가지야.

"이에 저희가 큰 소리로 부르고 그 규례를 따라 피가 흐르기까지 칼과 창으로 그 몸을 상하게 하더라."(28절)

고 하고 40절에서는 "엘리야가 저희에게 이르되 바알의 선지자를 잡되 하나도 도망하지 못하게 하라 하매 곧 잡은지라, 엘리야가 저희를 기손 시내로 내려다가 거기서 죽이니라."고 온통 죽이는 얘기야.

김 장로 19장도 두 구절이나 칼로 죽인다는 기록을 건너뛰지 않고 있구먼.

이 장로 20장에서는 또 대량 학살 기록이 나타나는구먼. 29절에서는 "진이 서로 대한 지 칠일이라.
제 칠일에 접전하여 이스라엘 자손이 하루에 아람 보병 십만을 죽이매" 하고 36절에서 또다시 하나님은 짐승을 동원하는구먼. "저가 그 사람에게 이르되 네가 여호와의 말을 듣지 아니하였으니 네가 나를 떠나갈 때에 사자가 너를 죽이리라. 그 사람이 저의 곁을 떠나가더니 사자가 그를 만나 죽였더라."(36절).

김 장로 21장을 보니까 이번엔 또 여호와가 개를 동원하는 군. 13장, 19장에서도 살인의 기록이 이어지고 있는데 19절에 오면 "여호와의 말씀이 개들이 나붓의 피를 핥은 곳에서 개들이 네 피, 곧 네 몸의 피도 핥으리라 하셨다 하라." 하고, 23절에서 "이세벨에게 대하여도 여호와께서 말씀하여 가라사대 개들이 이스라엘 성 곁에서 이세벨을 먹을지라,"는 표현으로 사람 죽이는 표현을 짐승들이 피를 핥고 물어 죽이고 등등 흉악한 표현이 아니면 성경을 쓸 수가 없었던 것 같지 않아?

24절에서도 마찬가지야. "아합에게 속한 자로서 성읍에서 죽은 자는 개들이 먹고 들에서 죽은 자는 공중의 새가 먹으리라 하셨느니라 하니,"

이 장로 열왕기 상서도 이제 끝까지 훑어보았거니와 여호와하나님이 역사를 주관하신다는 주석이 무슨 뜻인지 도무지 알 수가 없단 말일세.

주석 학자들 밥 먹고 살기 위해서 뭔가 그럴싸한 얘기나 연구해 낼 궁리뿐이지, 정말로 성경 집필자가 무엇을 우리에게 말하려고 그런 글을 썼는지는 생각하지도 않고, 전혀 딴 얘기 만 늘어놓는단 말일세.

이제는 또 열왕기 하서를 공부할 차례인데 성경책에 주석을 달아 놓은 것을 보면 그 기록 목적이 "이스라엘과 유다의 역사를 보여 줌으로써, 그 배후에 하나님이 계심을 알리기 위한 것이고, 이스라엘과 유다의 타락상을 보여줌으로써 왕국의 멸망이 그들 스스로의 범죄에 기인

했음을 밝히기 위한 것이고, 인간 왕국의 유한성을 깨닫고 메시아 왕국을 바라보도록 하기 위해서 열왕기 하서를 집필하였다는 것이네. 김 장로는 벌써 열왕기 하서를 다 읽고 왔겠지?

김 장로 다 읽었지.

그 주석 또 먼 산 보고 헛소리 한 것일세. 열왕기하서는 1장부터 죽이는 얘기로 시작한단 말이야.

"엘리야가 저희에게 대답하여 가로되 내가 만일 하나님의 사람이라면 불이 하늘에서 내려와서 너와 너의 오십 인을 사를지로다 하매, 하나님의 불이 곧 하늘에서 내려와서 그 오십 인을 살랐더라." 고 하나님의 살상 방법 또 한 가지를 추가로 알려 주고 있단 말이야.

그리고 2장에서는 곰을 동원해서 아이들을 죽이거든.

"엘리사가 돌이켜 저희를 보고 여호와의 이름으로 저주하매 곧 수풀에서 암곰 두 마리가 나와서 아이들 중에 사십이 명을 찢었더라."

이 장로 나나 김 장로를 포함해서 지금 이 순간까지도 이스라엘 백성을 하나님의 선민이라 해서 높이 우러러보는 것이 버릇처럼 되어 있는데, 에스라엘 백성이야말로 아주 천

한 노예민족이란 말이야. 열왕기하서 6장에 가면 부모가 제 자식을 잡아먹는다는 기록이 나타나거든.

"또 가로되 무슨 일이냐? 여인이 대답하되 이 여인이 내게 이르기를 네 아들을 내라, 우리가 오늘날 먹고, 내일은 내 아들을 먹자 하매"(28절), "우리가 드디어 내 아들을 삶아 먹었더니, 이튿날에 내가 이르되 네 아들을 내라, 우리가 먹으리라 하나 저가 그 아들을 숨겼나이다."(29절) 하면서 다투기 까지 하는 거야. 야만인도 이쯤 되면 사람이라 하기 어렵지.

김 장로   열왕기하서 8장도 끔찍하긴 마찬가지야.

"네가 이스라엘 자손에게 행할 모든 악을 내가 앎이라. 네가 저희 성에 불을 놓으며 장정을 칼로 죽이며 어린 아이를 메어치며 아이 밴 여인을 가르리라"는 구절이 나오는데(12절), 이런 살상 방법이야말로 여호와하나님이 자주 쓰는 인간 살생법 아닌가. 하나님한테 배운 거지. 하나님이 한 대로 배워서 하는 거니까 양심에 가책도 안 느낄 거야.

이 장로   열왕기하서 9장은 여호와의 범죄와 관련된 구절들이야. 한 두 구절씩 검토하기엔 너무나 많아서 내가 읽은 구절들을 한꺼번에 소개할게. (7절) " 너는 네 주 아합의 집을 치라. 내가 나의 종 곧 선지자들의 피와 여호와의 종들의 피를 이세벨에게 갚아 주리라"하고, 8절에서도 "아합의 온 집안이 멸망하리니 이스라엘 중에 매인 자나 놓인 자나 아합에게 속한 모든 남자는 내가 다 멸절하되", 10절에 가서는 "이스라엘 지방에서 개들이 이세벨을 먹으리니 저를 장사할 사람이 없으리라 하셨느니라 하고 곧 문을 열고 도망가니라." 하더니 이번엔 또 활이 동원되는 거야. "예후가 힘을 다하여 활을 당기어 요람의 두 팔 사이를 쏘니 살이 그 염통을 뚫고 나오매 저가 병거 가운데 엎드려진지라(24절)." 이번엔 또 피가 등장하네.

"여호와께서 말씀하시기를 내가 어젯날에 나봇의 피와 그 아들들의 피를 분명히 보았노라.
또 말씀 하시기를 이 토지에서 네게 갚으리라 하셨으니 그런즉 여호와의 말씀대로 그 시체를 취하여 이 밭에 던질지니라."(26절). 이처럼 9장 한 장에서 만도 개가 등장하고, 암곰이 등장하고, 피가 쏟아지고, 활이 나오고, 병거 가운데서 죽이고(27절), 내어던져 그 시체를 밟아 죽이고(33절), 시체를 잔인하게 훼손해서 그 두골과 발과 손바닥 외에는 찾을 수가 없고(35절), 그리고 다시 "여호와께서 말씀하신 바라. 이스라엘 토지에서 개들이 이세벨의 고기를 먹을지라."(36절)는 등 잔인한 표현이 아니면 구약의 저자들이 글을 못 쓰는구먼. 이런 글만 자꾸 읽게 되니까 눈곱이 다 끼네.

이번엔 김 장로가 10장 얘기 좀 소개해 보게나.

왕자들의 머리를 광주리에 담아

14

김 장로　10장에서도 끔찍한 애기는 마찬가지야. "편지가 이르매 저희가 왕자 칠십 인을 잡아 죽이고 왕자들의 머리를 광주리에 담아 이스라엘 예후에게로 보내니라."(7절) 하고, 이어서 8절에서는 "사자가 와서 예후에게 고하여 가로되 무리가 왕자들의 머리를 가지고 왔나이다.

두 무더기로 쌓아 내일 아침까지 문어귀에 두라 하고",

또 몰살한 사실을 자랑삼아서 "예후가 무릇 아합의 집에 속한 이스라엘에 남아 있는 자를 다 죽이고, 또 그 존귀한 자와 가까운 친구와 제사장들을 죽이되 저에게 속한 자를 하나도 남기지 아니 하였더라." (11절) 고 전과를 과시하고 있지. 14절에서도 "가로되 사로잡으라 하매 곧 사로잡아 목자가 양털 깎는 집 웅덩이 곁에서 죽이니 사십이 인이 하나도 남지 아니하였더라."고 적고 있어. 그리고 또 "사마리아에 이르러 거기 남아 있는 바 아합에게 속한 자를 죽여 진멸하였으니, 여호와께서 엘리야에게 이르신 말씀과 같이 되었더라." (17절)는 것이야. 그 25절에서도 번제 드리고 있는 사람들을 호위병과 장관들이 칼로 그들을 죽여서 밖에 던져버릴 정도로 잔인하단 말일세.

이 장로 열왕기하서는 11장에서도 살인 구절이 다섯 구절(1절, 2절, 15절, 16절, 20절)이나 나오고 12장에서도 한 구절, 14장에서도 네 구절(5절, 6절, 7절, 19절)이나 나오는데, 이 구절들까지 다 언급하다간 입이 헐 것 같아 생략하고 15장 이하로 건너뛰어서 검토하는 게 좋을 듯 싶어.

15장에서는 또 하나님이 화가 나서 왕을 문둥병자로 만들어 별궁에 거하게 하고, 그 아들 왕자로 하여금 궁중일을 하도록 했다는 구절이 나오는데 아마 이런 것을 가지고 성경 주석자들이 하나님이 섭리하는 것으로 해석하는 가봐. 15장에서는 왕을 죽이고 왕 자리를 뺏는 참극이 다섯 구절(10절,14절,16절, 25절, 30절)에 기록되어 있고, 16장에서도 왕권 다툼으로 살인하는 구절이 한 군데 나오고, 17장으로 넘어가면 또 여호와가 살상을 하고 있지.

18절에서 "여호와께서 이스라엘을 심히 노하사 그 앞에서 제하시니 유다 지파 외에는 남은 자가 없으니라" 하고, 또 이번에는 여호와가 사자를 이스라엘 사람들에게로 보내서 몇 사람을 죽게 하고 있지.

18장에서는 여호와답지 않게 지저분하게 자기의 대변과 소변을 먹게 하였다는 구절이 나타나는데 여호와하나님은 가끔 장난꾸러기 같기도 해. 사람들로 하여금 제 대변과 제 소변을 먹게 하는 게 벌이라기보다는 못된 군대 상사가 부하를 데리고 장난질 치는 거 같아. 19장 이하 21장, 23장, 24장, 25장에서는 왕권을 둘러싸고 살상을 통해서 왕권이 바뀌어 나가는 역사를 기록한 구절들이 많거든.

아마 이런 구절들을 놓고 성경 주석자들이 이스라엘과 유다의 통치권에 간여했다고 주석을 달고 있나봐. 요는 성경치고는 살상 장면이 너무 자주 나타나는 게 문제이지.

다시 말하면 여호와께서 이스라엘과 유다의 정치에 직접 관여하였는데 그 수단과 방법이 살인을 통해서 정권을 교체한다는 것이 성경답지 않다는 것이야. 이상으로 열왕기 상서와 하서에 대한 공부는 마친 것으로 하지. 이제 역대상서와 하서 공부는 김 장로가 좀 주관해서 진행했으면 좋겠어. 살인, 살인, 살인, 계속 얘기하려니까 그것도 지치는군.

김 장로   그럼 그렇게 하지.

실은 역대 상, 하서도 살인 얘기 투성이지. 그런데도 성경 주석자는 역대상서의 집필 목적이 (1) 과거 하나님께서 다윗을 통해 보여주신 신정 정치의 영화를 회상하며 하나님에 대한 신앙을 회케 하기 위하여, (2) 하나님이 주신 언약의 성취 역사를 보여 줌으로써 언약 백성의 영원성을 깨닫게 하기 위해서 역대상서를 썼다는 거야. 거기다 한 술 더 떠서 여호와의 통치. 하나님께서 남왕국 유다의 역사 속에 개입하시어 자신의 목적을 이루시는 그 모든 과정을 보여줌으로써 역사의 진정한 주체가 하나님이심을 밝힌다는 주석도 달려 있단 말일세.

그래 놓았는데 역대상 2장 3절부터 "유다의 맏아들 애르는 여호와 보시기에 악하므로 여호와께서 죽이시고," 4장에서도 모우님 사람을 쳐서 진멸한 것을 기록하고, 5장에 들어 와서는 "저희가 대적의 짐승, 곧 약대 오만과 양 이십오 만과 나귀 이천을 빼앗으며 사람 십만을 사로잡았고"(21절), "죽임을 당한 자 많았으니 이 이 싸움이 하나님께로 말미암았음이라"고 하나님의 책임을 지적하고 있지. 그리고 10장에 와서는 불레셋 사람과 이스라엘 사람들의 싸움을 기록하고 사울과 그 세 아들과 그 온 집안이 죽은 사실도 돋보이게 여러 구절(2절, 5절, 6절, 10절, 12절, 14절)에 적고 있는데, 결국 여호와께서 저를 죽이시고 그 나라를 이새의 아들 다윗에게 돌린 사실을 기록하고 있구먼.

이 장로 11장은 내가 간단히 요약해 볼게.

이 부분도 다윗과 관련되는 얘긴데, 창을 들어 삼백 인을 죽였다는 구절이 11절과 20절에서 각각 다른 사건이지만 삼백 인을 죽였다는 표현이 같고, 여섯 구절이 이와 같은 살인과 관련된 서술들이야.

그리고 13장에 가면 "여호와께서 진노하사 치시매 웃사가 거기 하나님 앞에서 죽으니라" 하면서 여호와하나님의 살인 행위를 또 한 가지 기록하고 있어. 18장에서는 살상한 수가 이만 이천(5절), 일만 팔천(12절) 등으로 숫자가 커지고, 19장에서도 "보병 사만을 죽이고"(18절), 드디어 21장에서는 "여호와께서 이스라엘 백성에게 온역을 내리시매 이스라엘 백성의 죽은 자가 칠만이었더라."(14절) 고 여호와하나님의 집단 학살을 고발하고 있어.

김 장로 역대하서 공부할 차례인데, 주석에서는 역대하서의 집필 목적이 (1) 유다왕들의 통치를 기록함으로써 남왕국 유다의 정통성을 강조하고, (2) 성전 건축의 역사와 제사 제도에 대한 언급을 통해 하나님만이 예배 받으실 분임을 강조하기 위해서 썼다고 돼 있어.

앞부분 12장까지는 살인, 살상 얘기가 별로 없다가 13

장에 와서 드디어 "이스라엘의 택한 병정이 엎드려진 자가 오십만"이라고(17절) 이스라엘의 피해 사실을 기록하고, 또 20절에서는 "여로보암이 강성하지 못해서 여호와가 쳐서 죽였다."(20절)는 말로 하나님이 유다 왕국에 간섭한 것을 이렇게 표현하고 있구먼. 14장에서 살인 구절이 두 구절 나오고 15장에서 "무릇 이스라엘 하나님 여호와를 찾지 아니하는 자는 대소 남녀를 무론하고 죽이는 것이 마땅하다."(13절)고 하나님을 치켜세우고, 18장에서 왕이 전사한 언급이 한 구절 나오고는 20장에서 "암몬과 모압 자손아, 일어나 세일산 거민을 진멸하고 세일 거민을 진멸한 후에는 저희가 피차에 살육하였다."고 자중지난 사건도 기록하고 있어. 21장에 오면 드디어 또 여호와의 살상이 시작되지. 14절에서 "여호와가 네 백성과 네 자녀와 네 아내들과 네 모든 재물들을 큰 재앙으로 치리라." 하고, 15절에서는 "너는 창자에 중병이 들고 그 병이 날로 중하여 창자가 빠져 나오리라"하고는 18절과 19절에 걸쳐서 창자가 썩어 죽게 하는 여호와의 또 하나의 살인 솜씨를 선보이고 있구먼.

이 장로   이어서 22장, 23장 24장에서는 왕권 다툼을 중심으로 서로 죽이는 사건들을 소개하고 있고, 25장에 와서는 "세일 자손 일만을 죽이고"(11절), 또 유다 자손이 또 일만을 사로잡아 가지고 바위 꼭대기에 올라가서 거기서 밀쳐 내려뜨려서 그 몸이 부서져서 죽게 하는 또 다른 살상 솜씨가 소개되고 있어.

그리고 26장에서는 웃시야 왕의 이마에 문둥병이 발하여 죽는 날까지 문둥이가 된 끔찍한 에피소드도 한 토막 나타나는구먼. 28장에서는 여호와를 버린 죄로 르말랴의 아들 베가가 유다에서 하루 동안에 용사 십이만 명을 죽였고, 32장에서는 다시 "여호와께서 한 천사를 보내어 앗수르 왕의 영에서 큰 용사와 대장과 장관들을 멸하고"(21절), 33장에서도 왕을 죽인 사건을 기록하고, 36장에서 "하나님이 갈대아 왕의 손에 저희를 다 붙이시매 저가 와서 그 성전에서 칼로 청년을 죽이며 청년 남녀와 노인과 백발 노옹을 긍휼이 여기지 아니하고 "다 진멸하였다는 기록으로 여호와의 왕정 간섭 사실을 이토록 살생 기록으로 역대하서도 도배질하고 있구먼.

매일 분노하는 하나님

15

이 장로   구약 성경 39권 가운데 살인 얘기가 하나도 없는 것이 <에스라서>와 <느헤미야서>라서 이 두 권을 건너뛰니까 지금까지 우리가 16권을 공부한 셈인데, 구약 성경 책의 분량으로 치면 전체 1331 쪽 중에서 56%의 공부를 마친 셈이네.

이제 에스더를 공부할 차례인데, 이것 역시 주석에서는 에스더서의 집필 목적이 (1) 하나님께서 온 세계를 다

이 장로 　스리시는 역사의 주체가 되심을 보여주기 위함이며, (2) 하나님을 믿으며 바른 길을 걷는 자가 결국 승리함을 보여주기 위하여 썼다고 그럴싸한 주석을 달아 놓았구먼. 김 장로 보기엔 어때? 이 주석이 맞는 것 같아?

김 장로 　글쎄! 내가 신학 공부를 못해 봐서 그런지, 내가 읽어 본 바와는 전혀 딴 소리야. 에스더는 일백이십칠 도를 치리할 정도로 영향력이 크고 일백팔십일 동안 그 영화를 나타내기 위한 잔치를 하며, 유대인 소녀 에스더를 왕후로 안치는 등 궁중의 호화로움을 앞부분에서 기록하다가 3장에 와서는 드디어 "이에 그 조서를 역졸에게 붙여 각 도에 보내니, 십이월 곧 아달월 십삼일 하루 동안에 모든 유다인을 노소나 어린 아이나 부녀를 무론하고 죽이고 도륙하고 진멸하고 또 재산을 탈취하라는 끔찍한 조서를 내리고 있어. 그러더니 9장에 가서는 유대인이 칼로 그 모든 대적을 쳐서 도륙하고 진멸하고(5절), 유대인이 도성 수산에서 오백 인을 죽이고 멸하고(6), 유다인의 대적 하만의 열 아들을 죽이고(10절), 15절에서는 위에 조서에 따라 아달월 십사일에도 삼백 인을 도륙했고, 이어서 "유다인들이 자기를 미워하는 자 칠만 오천

|이 장로| 인을 도륙하였다"(16절)는 전과를 자랑스럽게 기록하고 있어. 그런데 왜 이 성경을 <에스더서>라 호칭하는지 신학을 모르는 나로서는 이해가 잘 안가.

다음으로 욥기도 42장이나 되는 방대한 기록인데, 주석에서는 "고통이 반드시 죄에 대한 하나님의 진노가 아니라, 하나님 섭리의 방편이기도 하다는 보여 주기 위하여 집필했다고 기술하고 있어.

그런데 이 방대한 집필 분량 중 다만 제1장에서만 세 구절에서 살인과 관련된 구절이 있을 뿐인데, 16절에서 보면 하나님의 불이 하늘에서 내려와서 양과 종을 살라버렸다고 기록한 것뿐이야.

다음으로 시편으로 이어지는데, 우리가 흔히 이해하기에는 말 그대로 시편이라 하면 하나님을 찬양하는 글들이라고만 이해하고 있지 않나. 대부분 맞는 얘기인 것 같은데, 이 시편에서 조차 7장 1절에서는 "하나님은 의로우신 재판장이심이여 매일 분노하는 하나님이시로다"라고 겁주고 있고, "그는 죽일 기계를 예비하심이여, 그 만든 살은 화전이로다"(13절)고 하나님의 살상 무기를 적고 있구만. 잘 나가다가 79장에 가서는 "저희가 주

의 종들의 시체를 공중의 새들의 밥으로 주며, 주의 성
도들의 육체를 땅 짐승에게 주며"(2절), "그들의 피를
예루살렘 사면에 물같이 흘렸으며 그들을 매장 하는 자
가 없었다."고 참혹한 상항을 기록 한 구절도 시편답지
않게 기록 되어 있구먼.
그 다음 31장으로 집필한 잠언의 필자(대부분 솔로몬이
집필한 것으로 주해)도 제 1장에서 딱 한 구절 "음부같
이 그들을 산채로 삼키며, 무덤에 내려가는 자 같게 통으
로 삼키자"(12절)고 솔로몬답지 않게 표현하고 있군.
 다만 잠언서에서는 31장이나 되는 분량이지만 살인, 살
상 얘기는 자제하고 있어.
잠언서 다음으로 역시 시가서(문학서)애 속하는 전도서
와 아가서에서는 살인 등 끔찍한 기록은 피하고 있는데,
그 뒤를 이은 예언서에 들어가면 사정은 또 다시 흉악해
지는 거야. 잠시 좀 휴식을 취한 후 김 장로가 이사야서
부터 좀 인도해 주게나.

만군의 주 여호와의 진노

16

김 장로   이 장로! 성경 공부 정말 이 정도에서 끝내고 싶은 생각이 또 드는구먼.
뭐 그렇다고 그만 두자는 건 아니고, 기왕 시작한 공부니 끝까지 가야지.
왜 이런 말을 하는가 하면 말이지, 우리가 평생 "은혜로우신 하나님, 사랑의 하나님" 하면서 이날 이때까지 장로노릇까지 해왔는데, 그 동안의 성경 공부만으로도 우리가 바리새인이요, 이중인격자요, 거짓 지도자였다는 자책감이 너무나 나를 슬프게 하기 때문이야.

심심하면 화내고, 화났다 하면 집단 학살이고, 온갖 흉악무도한 방법을 구사하고, 나쁜 인간들에게 흉악한 버릇을 가르치고. 그런 하나님을 상대로 앞으로 어떻게 일대 복수작전을 펴야 하나 하는 등 마음이 심히 괴롭단 말일세. 오늘 공부를 이어가기 위해서 이사야서 이하를 학습하는 과정에서 느낀 생각의 일단을 말하는 것이라네.

이사야서 등은 신학자들이 소위 예언서라고 분류하고 있는데 내용을 자세히 읽어 보면 앞에서와 마찬가지로 계속 여호와의 흉악한 죄악상일 뿐, 우리 인간들이 추구해야할 참된 가치들에 대해서는 일언반구도 없으니 이런 걸 어떻게 성경이라 하나 하는 생각에 슬퍼지기까지 한단 말이야.

이 장로 　김 장로 상처가 정말 심하구먼. 일단 내가 인도할 테니 좀 마음 편하게 먹게나.

이사야서의 주석을 보니까 (1) 이스라엘이 특별한 언약 백성임을 상기시켜 온전한 관계 회복을 촉구하기 위하여, (2) 메시아의 강림을 예언하여 하나님만이 구원의 근거라는 소망을 갖게 하기 위하여 이사야서를 집필하였다는 것이니까 좀 희망적인 메시지가 있지 않을까 싶어서 은근히 희망을 가지고 열심히 읽어 봤지.
그런데 아니나 다를까 또 역시 그게 그거야.

 도로아미타불이야. 여호와하나님의 진노와 화풀이가 겁나게 발동되고 있거든. 이사야 5장에 들어가면 "그러므로 여호와께서 자기 백성에게 노를 발하시고 손을 들어 그들을 치신지라 산들은 진동하며 그들의 시체는 거리 가운데 분토같이 되었으니 그 노가 돌아서지 아니하였고 그 손이 오히려 펴졌느니라"(25절)고 여호와의 진노하는 얼굴이 떠오르고, 9장을 건너 뛰어 14절에서 "이러므로 여호와께서 하루 사이에 이스라엘 중에서 머리와 꼬리며 종려가지와 갈대를 끊으시리니" "머리는 곧 장로와 존귀한 자요, 꼬리는 곧 거짓말을 가르치는 선지자자라"(15절), "만군의 여호와의 진노로 인하여 이 땅이 소화되리니 백성은 불에 타는 섶나무와 같을 것이라. 사람이 그 형제를 아끼지 아니하며"(19절), "우편으로 움킬지라도 주리고 좌편으로 먹을지라도 배부르지 못하여 각각 자기 팔의 고기를 먹을 것이며"(20절).

이처럼 점점 더 상상을 초월하는 잔인하고 몸서리치는 끔찍한 표현이 등장하고 있어.

13장에서는 "내가 사람을 정금보다 희소케 하며 오빌의 순금보다 희귀케 하리로다."(12절) 라는 표현으로 마치 노아 홍수 때처럼 인간을 멸절하겠다고 으름장을 놓고 있어.

정말 그 당시의 이스라엘 사람들이 불쌍하게 느껴지는 구먼. 어떻게 죽이느냐 하면 "만나는 자는 창에 찔리고"(15절), "잡히는 자는 칼에 엎드려지겠고"(15절), "그들의 어린아이들은 그 목전에 메어침을 입겠고, 그 집은 노략을 당하겠고, 그 아내는 욕을 당하리라."(16절) "메대 사람이 활로 청년을 쏘아 죽이며, 태의 열매를 긍휼히 아니하며 아이를 가석히 보지 아니하리라."(18절)고 극도의 흉악, 포악함을 글로 기록하고 있단 말이야. 그리고 또 계속해서 15장에서는 "디몬 물에는 피가 가득함이로다.

그럴지라도 내가 디몬에 재앙을 더 내리되 모압에 도피한 자와 그 땅에 남은 자에게 사자들을 보내리라"고 여호와는 계속해서 온갖 흉폭을 그치지 않고 있단 말일세.

30장에서는 또 웃겨요. 여호와가 멸하는 키로 열방을 까부르며 미혹되게 하는 자갈을 여러 민족의 입에 먹이시리니"(28절). 읽다 보니 이젠 자갈 물리는 횡포까지 동원되고 있구먼. 하나님다워!

김 장로 이사야서는 후반으로 가면서 더욱 하나님의 범죄를 흥흥하게 기록하고 있어.

34장에서는 "여호와의 칼이 하늘에서 족하게 마셨은즉"이라는 표현에서 여호와가 피를 즐기는 것으로 기록 되는데(5절) 6절에서도 "여호와의 칼이 피 곧 어린 양과 염소의 피에 만족하고, 기름 곧 수양의 콩팥 기름에 윤택하니 이는 여호와께서 보스라에서 희생을 내시며 에돔땅에서 큰 살육을 행하심이라"고 여호와의 범죄를 가감 없이 그대로 기록하고 있단 말이야.

그리고 7절에서도 "그들의 땅이 피에 취하며 흙이 기름으로 윤택하리라" 는 표현으로 사람을 얼마나 죽였으면 흙에 기름이 끼어서 빛날 정도이겠나. 9절에서는 더 징그럽게 표현하고 있어. "에돔의 시내들은 변하여 역청이 되고 그 티끌은 유황이 되고 그 땅은 불붙는 역청이 되고".여호와하나님이 인간과 동물을 얼마나 죽였으면 그래 강과 땅이 역청이 되겠는가 말이야.

현대인으로서는 상상도 할 수 없는 악의 극치를 성경 집필자들이 이토록 사나운 현상을 가리지 않고 그대로 집필한 그 심정을 우리가 헤아려 봐야 할 것 같아.

37장에서도 "여호와의 사자가 앗수르 진중에서 십팔만 오천을 쳤으므로 아침에 일찍 일어나 본즉 시체뿐이라. 그리고 49장에서는 여호와가 또 공갈까지 치는 거야.

내가 너를 학대하는 자로 자기의 고기를 먹게 하며 새 술에 취함같이 자기의 피에 취하게 하리니 모든 육체가 나 여호와는 네 구원자요 네 구속자요 야곱의 전능자인 줄 알리라"고 으스대고 있는데 이런걸 보면 도무지 여호와란 존재가 어떤 자인지 알듯 모를듯해.

 어떤 때는 이스라엘 백성을 향해 이를 갈고 진멸하다가 또 이럴 때는 이스라엘 편을 들고. 도무지 모를 존재야. 이사야서 끝부분 63장에 가면 "만민 중에 나와 함께한 자가 없이 내가 홀로 포도즙틀을 밟았는데 내가 노함을 인하여 무리를 밟았고 분함을 인하여 짓밟았으므로 그들의 선혈이 내 옷에 튀어내 의복을 다 더럽혔으니"(3절), "이는 내 원수 갚는 날이 내 마음에 있고 내 구속할

해가 왔으나"(4절), "내가 노함을 인하여 만민을 밟았으며 내가 분함을 인하여 그들을 취케 하고 그들의 선혈로 땅에 쏟아지게 하였느니라"고 자기 죄악상을 자랑하고 있거든.

원래 범인들은 자기 죄를 감추려고 하는데 여호와하나님의 범죄는 마치 전승 기록이라도 되는 듯 자랑까지 하고 있단 말일세.

65장에서도 "내가 너희를 칼에 붙일 것인즉 다 구푸리고 살육을 당하리니 이는 내가 불러도 너희가 대답지 아니하며 내가 말하여도 듣지 아니하고 나의 눈에 악을 행하였으며 나의 즐겨하지 아니하는 일을 택하였음이라"(12절) 고, 또 이번엔 이스라엘 백성을 꾸짖는거야. 도무지 원. 66장에서 결론이야. "여호와께서 불과 칼로 모든 혈육에게 심판을 베푸신 즉 여호와께 살육을 당할 자가 많으리니" 이렇게 공갈로 이사야서가 마감되고 있어.

이 장로   김 장로 수고 많았어.

다음으로 예레미야서를 공부할 차례인데, 이 예레미야서에서는 하나님의 범죄와 살인 사건이 엄청 많이 기록

되어 있어서 내가 먼저 앞부분을 인도할게.

이 성경은 예레미야가 직접 집필한 것인데 (1) 다가올 심판을 위하여 유다로 회개케 하고, (2) 새 언약을 선포하여 유다를 하나님의 새로운 백성이 되게 하기 위하여 썼다는 것이야.

그런데 내용을 보면 하나님의 살상 행위를 엄청 많이 고발하고 있어. 잠깐 딴 얘긴데, 창세기에서 하나님은 온갖 동식물을 인간을 위해서 창조했다고 되어 있지 않나. 그런데 왜 사자, 호랑이, 독사, 꿀벌, 이리떼 등 사람을 해치는 동물들을 창조했을까 늘 궁금했는데, 우리가 구약을 공부하면서 보니까 하나님이 이들 사람 잡아먹는 동물들을 만든 이유를 알듯 싶어. 뭐냐 하면 예레미야 5장 6절에서 보면 "수풀에서 나오는 사자가 그들을 죽이며, 사막의 이리가 그들을 멸하며, 표범이 성읍들을 엿보온즉 그리로 나오는 자마다 찢기오리니 이는 그들의 허물이 많고 패역이 심함이니이다,"라고 여호와가 이들 맹수들을 동원해서 인간을 학살한단 말이야. 7장에서는 "매장할 자리가 없도록 도벳에 장사함을 인함이라"고 여호와의 대량학살 범죄가 기록되어 있어(32절). 이어서 33절에서는 "이 백성의 시체가 공중의 새와 땅 짐승의 밥이 될 것이나 그것을 쫓을 자가 없을 것이라."고 인간의 멸종을 예고하고 있고, "그 때에 낵사 유다 성읍들과 예루살렘 거리에 기뻐하는 소리, 즐기는 소리, 신랑의 소리, 신부의 소리가 끊어지게 하리니 땅이 황폐하리라"고 하나님이 이스라엘과 유다를 뭉뚱그려서 다 멸절한다는 얘기야.

창조주 하나님은 의학박사 제 1호

17

이 장로   여호와하나님은 인간을 창조할 당시 동시에 인간 집단 살상 준비도 창조 항목에 넣었던 것 같아.

우리가 가끔 사랑의 하나님이 동식물을 인간들을 위해서 만들었다고 창세기에 적혀 있는데 왜 사자, 호랑이, 이리, 독사, 독을 가진 들벌, 등등 사람을 잡아먹는 동물들을 만들었을까 하고 의아해했는데, 실제로 여호와하나님이 화가 나거나 분하다고 느끼거나 못마땅하게 느끼면 자기 손과 창과 갈쿠리와 칼과 활과 찔레가시와 소 모는 몽둥이 등 흉기로 인간을 살상하기도 하지만, 온갖 사나운 동물들을 시켜서 자기 손 안 대고 코푸는 식으로 이들을 통해 사람들, 특히 자기 백성 이스라엘과 유다 백성을 살육했고, 또 문둥병, 온열 등등의 온갖 전염병과 맹장염과, 눈알이 눈 안에서 썩게 하고, 혀가 입 안에서 썩게 하고, 창자가 썩고, 염통이 썩고, 쓸개가 썩고 하는 등 구약 당시의 과학과 의학 상식으로는 상상도 못할 의학적 수단을 창세부터 여호와하나님은 능수 능란하게 발동해서 인간을 멸절할 정도로 대량 학살의 무기로 유감없이 활용했단 말이야.

그런 의미에서 여호와하나님은 가히 의학 박사 제 1호의 자격이 있고 히포크라테스보다 몇 억년 의학의 대 선배란 말이야.

그리고 또 예레미야 8장을 보면 여호와하나님은 해부학, 천문학, 화학 등 과학 분야에도 출중한 지식을 가지고 있는 것으로 보여. "나 여호와가 말하노라. 그 때에 사람들이 유다왕들의 뼈와 그 방백들의 뼈와 제사장들의 뼈와 선지자들의 뼈와 예루살렘 거민의 뼈를 그 묘실에서 끌어 내어 (1절), 그들이 사랑하며, 섬기며, 순종하고, 구하며, 경배하던 해와 달과 하늘의 뭇 별 아래 쬐리니 그 뼈가 거두이거나 묻히지 못하여 지면에서 분토 같을 것이며," (2절), "이 악한 족속의 남아 있는 자, 무릇 내게 쫓겨나서 각처에 남아 있는 자가 사는 것보다 죽는 것을 원하리라. 만군의 여호와의 말이니라." 고 겁을 주고 있어(3절).그리고 17절에서는 실제로 "여호와께서 말씀하시되 내가 술법으로도 제어할 수 없는 뱀과 독사를 너희 중에 보내리니 그것들이 너희를 물리라 하시도다." 라는 기록이 있어.

김 장로 이 장로 말이 맞아.

하나님은 모든 과학 분야에 능통하고 있단 말이야.
예레미야 9장에서는 "그러므로 만군의 여호와 이스라엘의 하나님 내가 말하노라. 보라, 내가 그들 곧 이 백성에게 쑥을 먹이며 독한 물을 마시우고". 쑥과 독한 물은 약학 분야에 속하나 화학 분야에 속하나? 도무지 하나님은 나쁜 일에 관한 한 모르는 게 없어. 11장에서는 "청년들은 칼에 죽으며, 자녀들은 기근에 죽고" (22절)., "남는 자가 없으리라" (23절) 한 것도 적혀 있어.

이 구절들은 분명히 여호와하나님의 범죄를 실증할 수 있는 법적 근거도 되거든.

여호와는 후일 우리같이 눈을 뜨는 인간들에 의해서 고소될 것을 의식도 안했던 것 같아.

 뉴렌버그 전범재판소의 국제법에 따르면 누구를 시켜서 살상하도록 한 것도 분명히 죄에 해당하던데, 13장에서 보면 "또 그들로 피차 충돌하여 상하게 하되 부자간에도 그러하게 할 것이라. 내가 그들을 불쌍히 여기지 아니하며 관용치 아니하며 아끼지 아니하고 멸하리라 하셨다 하라. 여호와의 말이니라." 하고, 14장 12절에서는 "칼과 기근과 염병으로 그들을 멸하리라."고 큰 소리까지 치고 있어. 그 정도 공갈 쳤으면 됐지, 또 16절에서는 "그들의 예언을 받은 백성은 기근과 칼로 인하여 예루살렘 거리에 던짐을 입을 것인즉 그들을 장사할 자가 없을 것이요, 그 아내와 그 아들과 그 딸들도 그렇게 되리니 이는 내가 그들의 악을 그 위에 부음이니라."고 계속해서 엄포야. 그러는 게 모두 후세에 여호와 자기 자신의 죄목이 되는 줄 모르고 으름장을 놓고 있어.

자기 백성을 멸절한 여호와

18

이 장로   우리가 지금까지 믿어 왔던 것처럼 지금 이 순간도 뭣 모르고 교회 목사들과 기독교인들은 이스라엘을 하나님의 택한 백성이라고 우러러 보고 부러워하고 존중하고 있는데, 참으로 어리석은 일이야.

세상에 이스라엘 백성만큼 불쌍한 민족도 없단 말이야. 왜냐하면 여호와하나님은 이스라엘 백성이 자기 백성이라고 마음대로 죽이고 벌주고 저주하고. 오죽했으면 시편 7장 11절에서 말하듯이 "여호와하나님은 매일 분노하시는 하나님이시로다."고 읊었겠어.

가끔 제 정신이 들면 자기 백성이라면서 축복하다가는 또 금방 분노해서 이스라엘 백성을 집단 학살하고, 어린 아이와 아이 밴 여인 까지 멸절해 놓고 자랑까지 하고 있단 말이야. 예레미야 15장에서 보면 "여호와께서 내게(예레미야 선지자) 이르시되 모세와 사무엘이 내 앞에 섰다 할지라도 내 마음은 이 백성을 향할 수 없나니 그들을 내 앞에서 쫓아 내치라."(1절)고 명하고, "그들이 만일 네게 말하기를 우리가 어디로 나아가리요 하거든 너는 그들에게 이르기를 여호와의 말씀에 사망할 자는 사망으로 나아가고 칼을 받을 자는 칼로 나아가고 기근을 당할 자는 기근으로 나아가고 포로 될 자는 포로 됨으로 나아갈지니라 하셨다 하라"(2절), 하고는 7절에서 "내가 그들을 그 땅의 여러 성문에서 키로 까불러 그 자식을 끊어서 내 백성을 멸하였나니, 이는 그들이 그 길에서 돌이키지 아니하였음이라."하고 또 "그들의 과부가 내 앞에 바다 모래보다 더 많아졌느니라. 내가 대낮에 훼멸할 자를 그들에게로 데려다가 그들과 청년들의 어미를 쳐서 놀람과 두려움을 그들에게 졸지에 임하게 하였으며"(8절), 16장에서도 이스라엘 백성에 대한 진노는 그치질 않아. "그들은 독한 병으로 죽고 슬퍼함을 입지 못하며, 매장함을 얻지 못하여 지면의 분토와 같을 것이며, 칼과 기근에 망하고 그 시체는 공중의 새와 땅 짐승의 밥이 되리라."(4절). 이어서 18절에서도 "그러하온즉 그들의 자녀를 기근에 내어 주시며, 그들을 칼에 세력에 붙이시며 그들의 아내들은 자녀를 잃고 과부가 되며, 그 장정은 사망을 당하며, 그 청년들은 전장에서 칼을 맞게 하시는"등 자기 백성에게 분풀이를 계속하는 거야.

아들·딸과 부모가 서로 잡아먹게 명령한 여호와 하나님

19

김 장로 여호와하나님은 또 이스라엘 백성을 인육 먹는 백성으로 만들고 있구먼.

물론 노예 백성으로서 무슨 짓인들 못하겠냐만 가족끼리 서로 잡아먹으라고 한 것도 성경을 보면 여호와하나님이 명령한 것으로 밝혀져요. 예레미야 19장에 가보면 "그들이 그 대적과 그들의 생명을 찾는 자에게 둘러 싸여 곤핍을 당할 때에 내가(여호와가) 그들로 그 아들의 고기, 딸의 고기를 먹게 하고, 또 각기 친구의 고기를 먹게 하리라 하셨다."(9절) 하고, "또 그들에게 이르기를 만군의 주 여호와께서 이같이 말씀하시되 사람이 토기장이의 그릇을 한번 깨뜨리면 다시 완전하게 할 수 없나니, 이와 같이 내가(여호와가) 이 성을 파하리니 그들을 매장할 자리가 없도록 도벳에 장사하리라."고 집단 멸절의 실력을 과시하는 거야. 그 20장에서는 또 대리 살상을 범하고 있어.

"대저 여호와께서 말씀하시되 내가 너로 너와 네 모든 친구에게 두려움이 되게 하리니 그들이 그 원수의 칼에 엎드려질 것이요, 네 눈은 그것을 볼 것이며 내가 온 유다를 바벨론 왕의 손에 붙이리니 그가 그들을 사로잡아 바벨론으로 옮겨 칼로 죽이리라."(4절)하며 칼을 동원하더니 이번에는 또 염병까지 동원해서 사람과 짐승을 몽땅 죽이는구먼(21장 6절). 짐승들까지도 이스라엘에 태어난 것이 이처럼 재수 없단 말이야.

아! 잔인한 하나님이시여!

23장에서는 또 희한한 살상 방법이 등장해. "그들에게 쑥을 먹이며 독한 물을 마시우리니, 이는 사악이 예루살렘 선지자들에게서 나와서 온 땅에 퍼짐이라 하시니라"고 쑥과 독한 물을 동원하고, 24장에서는 "내가 칼과 기근과 염병을 그들 중에 보내어 그들로 내가 그들과 그 열조에게 준 땅에서 멸절하기까지 이르게 하리라 하시니라."10절). 이처럼 끔찍한 기록은 이 뒤에서도 이어지고 있어. 이 장로가 좀 인도해줘.

이 장로 구약을 차분히 읽어 보면 여호와하나님과 예레미야 선지자가 속된 말로 똥배짱이 제일 잘 맞는 것 같이 보여. 하나님이 예레미아에게 집단 학살, 특히 이스라엘 민족 멸절을 가장 많이 명령하고 있다는 인상을 강하게 받게 되거든. 그 25장에서도 여호와는 또 사약까지 만든 것으로 보여.

16절에서 보면 "그들이 마시고 비틀거리며 미치리니, 이는 내가 그들 중에 칼을 보냄을 인함이니라 하시기로"(16절), "내가 여호와의 손에서 그 잔을 받아서 여호와께서 나를 보내신바 모든 나라로 마시게 하되"(17절), "예루살렘과 유다 성읍들과 그 왕들과 그 방백들로 마시게 하였더니, 그들이 멸망과 놀램과 치소와 저주를 당함이 오늘날과 같으니라."(18절)하고는 27절로 가서 "너는 그들에게 이르기를 만군의 여호와 이스라엘의 하나님의 말씀에 너희는 마시라, 취하라, 토하라, 엎드러지고 다시는 일어나지 말라. 이는 내가 너희 중에 칼을 보냄을 인함이니라." 29절로 이어져서 "보라 내가 내 이름으로 일컬음을 받는 서에서부터 재앙 내리기를 시작하였은즉, 너희가 어찌 형벌을 면할 수 있느냐? 면치 못하리니 이는 내가 칼을 불러 세상의 모든 거민을 칠 것임이니라 하셨다 하라. 만군의 여호와의 말이니라." 하고는 "요란한 소리가 땅 끝까지 이름은 여호와께서 열국과 다투시며, 모든 육체를 심판하시며, 악인을 칼에 붙이심을 인함이라 하라. 여호와의 말이니라." (31절)는 기록에 이어 32절에서도 "나 만군의 여호와가 말하노라. 보라 재앙이 나서 나라에서 나라에 미칠 것이며, 대풍이 땅 끝에서 일어날 것이라." 하고는 여호와가 자기 자신의 범죄를 자랑이나 하듯 "그 날에 나 여호와에게 살육을 당한 자가 땅 이 끝에서 땅 저 끝에 이를 것이나 그들이 슬퍼함을 받지 못하며, 염습함을 입지 못하며, 매장함을 얻지 못하고, 지면에서 분토가 되리로다."고 인간이 몽땅 죽어서 장사 지낼 사람조차 한 명도 남기지 않고 멸절하는 여호와 자기 솜씨를 자랑하고 있는 거야.

정말 끔찍한 하나님이라는 게 여기서도 이처럼 명명백백하게 들어나는데 도대체 신학 박사, 성경학 박사, 구약학 박사들이라는 사름들은 이런 구절들은 눈을 감고 읽는가봐.

여호와 하나님이 이스라엘 백성들을 짐승의 밥으로 줘

20

김 장로 여호와는 단순히 이스라엘 백성을 죽이기만 하는 것도 아니고 "만군의 여호와께서 말씀하시되 보라, 내가 칼과 기근과 염병을 그들에게 보내어 그들로 하여금 먹을 수 없는 악한 무화과 같게 하겠다고 사람을 무화과로 만들겠다."고 까지 으름장을 놓고 있는데, 이런 글조차 저 흔한 박사님들 눈엔 보이지 않는가봐(29장17절). 그리고 33장에서도 "내가 나의 노와 분함으로 그들을 죽이고 그 시체로 이 성에 채우게 하였나니," (5절) 하고는 "너희 시체가 공중의 새들과 땅 짐승의 식물이 될 것이며." (34장 20절)라 해서 그가 창세기에서 세상의 모든 동식물을 인간을 위해서 만들었다고 해놓고는 여기서는 거꾸로 사람을 동물의 밥이 되게 하고 있단 말이야. 신학박사님들 이걸 어떻게 해석하는지 몰라.

여호와하나님은 이스라엘 백성만 멸절한 것이 아니고 "보라 내가 그들에게 재앙을 내리고 복을 내리지 아니하리니 애굽땅에 있는 유다 모든 사람이 칼과 기근에 망하여 멸절되리라." (44장 27절) 하면서 자기 백성이라고 한 때 복을 주었던 민족을 몽땅 멸절하고 마는 것이야. 이것이야말로 인류에 대한 범죄가 아니고 무엇이겠어.

48장에서도 일곱 구절(4절, 5절, 6절, 7절, 8절, 120절, 15절), 50장에서도 여덟 구절(13절, 14절, 26절, 30절, 32절, 35절, 36절, 37절)에서 여호와가 사람 죽인 것을 자랑하고 있는데, 51장 22절에 그 대표적 잔인함이 나타나. " 너로 남자와 여자를 부수며, 너로 노년과 유년을 부수며, 너로 청년과 처녀를 부수며," (22절), "너로 목자와 그 양떼를 부수며, 너로 농부와 그 멍엣소를 부수며, 너로 방백들과 두령들을 부수리로다." (23절) 하고는 뒤이어 그 40절, 49절, 56절에서는 바벨론을 시켜서 자기 백성을 죽인 것을 자랑하고 있어요.

정말 미친놈이란 말이 저절로 나와요.

어떻게 자기 백성을 그 적국으로 하여금 다 죽이도록 명하느냐 말이야.

성경주석은 진짜 엉터리

21

이 장로 예레미야서 공부도 끝나는데, 그 저자가 슬픈 글을 쓴 것이 예레미야애가 이지.

모두 다섯 장에 154구절로 된 짤막한 성경인데, 그 성경주석자는 이 성경을 집필한 목적이 "궁국적인 소망이 되시는 하나님을 찬양하여 조국의 멸망으로 실의에 빠진 이스라엘 백성들에게 새 희망을 주기 위하여 썼다."고 주석을 달아 놓았지. 만화도 이런 엉터리 만화는 없어. 성경을 읽어보면 슬픈 애기뿐이지. 성경 속에 중간 타이틀도 모두 첫째 애가, 둘째 애가, 셋째 애가, 넷째 애가라고 분명히 적혀 있고, 내용도 모두 하나님을 원망하고, 어떤 의미에서는 항의하는 투의 글들인데, 이런 내용을 놓고 여호와하나님을 찬양했다는 주석을 달고 있는 주석학자들의 머리는 뭐로 만들어져 있나 모를 일이야.

2장 20절을 보면 "여호와여, 감찰하소서. 뉘게 이같이 행하셨는지요? 여인들이 어찌 자기 열매, 곧 손에 받든 아이를 먹으오며, 제사장들과 선지자들이 어찌 주의 성소에서 살육을 당하오리까?" 하고 하나님에게 항의조로 말하고 21절에서도 "노유는 다 길바닥에 엎드러졌사오며, 내 처녀들과 소년들이 칼에 죽었나이다. 주께서 진노하시던 날에 죽이시되 긍휼히 여기지 아니하시고 살육하셨나이다."고 항의하고 있고, 4장에서는 "젖먹이가 목말라서 혀가 입천장에 붙음이여. 어린 아이가 떡을 구하나 떼어줄 사람이 없도다."(4절)고 탄식하고 있고, 그 10절에서도 "내 백성이 멸망할 때에 자비한 부녀가 손으로 자기 자녀를 삶아 식물을 삼았도다."고 하고 인육 먹는 사실을 다시 기록하고 "여호와께서 분을 발하시며 맹렬한 노를 쏟으심이여 시온에 불을 피우사 그 지대를 사르셨도다."(11절)고 분명히 여호와하나님의 사나운 행실과 처절한 자기 백성의 아픔을 기록한 성경이 이 예레미야 애가서인데 이걸 가지고 여호와하나님을 찬양할 목적으로 집필했다고 뻔뻔스런 거짓 주석을 달고 있는 성경학자들이야말로 지옥 아랫목에 갈 사람들이야.

여기서 잠깐 이스라엘 백성의 인육 먹는 기록을 살펴 볼 필요가 있을 것 같아. 구약을 보면 BC 1450 년경 모세가 썼다는 신명기와 BC1444년에 역시 모세가 썼다는 레위기, 그리고 BC730년에 집필했다는 미가서, BC 700~680년에 쓴 이사야서를 거쳐 BC 625~575년 사이에 쓴 것으로 알려진 예레미야서와 BC562~537년 사이에 써진 열왕기 하서와 BC550년에 썼다는 에스겔서까지 근 천여 년의 기간을 두고 써진 성경 속에 이스라엘 백성들이 인육, 그것도 부모와 자식 간에, 형제간에, 친구 간에, 이웃 간에 서로 잡아먹었다는 기록이 이어지는 것으로 보아 분명히 이스라엘의 노예문화 속에 인육 먹는 것이 잔재하고 있었던 것이 나타난단 말이야.

노예문화는 좀처럼 바뀌지 않는다는 것이 사회학 또는 문화인류학계에서의 정설로 되어있지.

먹을 것이 없고 배가 고프다고 엄마가 자기 자식을 삶아 먹고 청년이 자기 살을 베어 먹는 등의 표현들은 결코 성경 목적으로 집필된 기록이라고 볼 수는 없는 노릇 아니겠어?

에스겔서는 가장 살벌한 문서

22

(성경 주석에서는 여호와는 전 세계의 하나님이
되심을 가르치기 위하여 썼다고 똥딴지)

김 장로   바로 앞에서도 성경 주석은 정말로 엉터리라는 걸 우리가 알았거니와 이 에스겔서에서도 그런 게 너무나도 적나라하게 들어나.

성경 공부 한번 철저하게 하는 의미에서 이 에스겔서에서 성경 주석자들이 뭐라고 잠꼬대 하고 있는지를 좀 꼼꼼히 집고 넘어가는 것이 성경 공부에 크게 도움이 될 것 같아서 내가 성경 구절 공부에 들어가기 전에 우선 성경

책 속에서 주석자가 애기하고 있는 자가당착, 자기모순적인 작문들을 분석해 볼게.

성경 주석자가 에스겔서의 기록 목적이라면서 (1) 유다의 멸망이 범죄의 결과임을 알게 하기 위하여, (2) 여호와는 이스라엘뿐만 아니라 전 세계의 하나님이 되심을 가르치기 위하여, (3) 바벨론의 포로가 된 유다 백성들에게 미래에 대한 소망을 주기 위해서라고 적어 놓았어. 그리고는 주제라면서 "하나님의 절대 주권, 이스라엘뿐만 아니라 바벨론을 비롯한 전 역사를 주관하시는 절대 주권의 소유자이신 하나님께서 이스라엘을 회복하시고 영원히 함께 거하실 것이다."라고 적어 놓고는 그 바로 밑에서는 금방 그의 예언대로 이스라엘이 멸망하게 된다고 적고 있어. 이 주석자 혹시 치매환자가 아닌지 모르겠어.

같은 원고지에다 어떻게 두 가지 다른 방향의 애기를 적고 있을까? 그리고는 또 이 에스겔서의 특징이라면서 (1) 다수의 상징--많은 환상과 상징을 통하여 보다 생생하고 사실적인 예언이 되게 했다, (2) 이상주의적 시각--40장에서 48장까지 성전을 비롯하여 회복된 이스라엘을 이상적인 모습으로 묘사. 종말론적인 색채를 띠게 했다는 것이 이 에스겔서의 특징이라고 적고 있어. 여기서 마지막 문장 하나만 두고 봐도 도무지 말이 안 되는 것이 <회복된 이스라엘을 이상적인 모습으로 묘사>라 하고는 그 잉크로 이어서 <종말론적인 색채를 띠게 했다>고 썼으니 이거야말로 초등학교 일학년 학생도 이렇게 앞뒤가 이어지지 않는 엉터리 작문은 안 쓸 거야.

성경 저자들은 원고지 한 장에 얼마씩 돈을 받나봐. 그래서 수입을 올리려고 전혀 말도 안 되는, 앞뒤가 뒤죽박죽인 내용들을 한 문장 속에 잔뜩 써서 원고지 매수를 늘리려고, 문장들을 엿가락 늘리는 식으로 펜대를 놀리고 있는 것이 눈에 훤히 들어와. 만화책에서 이런 짓을 한다면 이해해 주겠지만 명색이 성경 주석이라 하면서, 또 게다가 신학 박사다, 성경학 박사다, 구약학 박사다 하면서 어떻게 이런 사기를 칠 수 있는지 도무지 이해가 안가.

하기야 신학교라는 것 자체가 엉터리고 대가리 둔한 자들이 모이는 곳이라는 말이 있긴 하지만 해도 좀 너무 해서 한 마디 하는 거야.

이들 주석자들이 얼마나 엉터리인가를 보기 위해서 바로 이 주석자가 뒤이어 달아 놓은 에스겔서의 중간 타이틀을 한번 총망라해서 짚어 볼 필요가 있을 것 같아. 에스겔서의 중간 타이틀들을 여기에 다 적어 볼게.

<에스겔의 활약>, <두루마리 환상>, <예루살렘이 포위 되리라>, <이스라엘의 죄>, <끝이 가깝다>, <예루살렘의 죄>, <여호와의 영광이 성전을 떠나시다>, <심판과 회복>, <이스라엘 멸망의 상징>, <거짓 예언자들>, <포도나무의 비유>, <부끄러운 과거>, <독수리와 포도나무>, <저마다 자기 죄로 죽는다>, <방백들의 죽음을 애도하라>, <하나님의 심판과 자비>, <하나님의 칼>, <예루살렘의 악>, <예루살렘과 사마리아>, <예루살렘은 녹슨 솥이다>, <에스겔 아내의 죽음의 상징>, <암몬에 내리신 말씀>, <모압에 내리신 말씀>, <에돔과 블레셋에 내리신 말씀>, <두로에 내리신 말씀>, <화려하던 두로의 멸망>, <두로왕에게 내리신 말씀>, 시돈에 내리신 말씀>, <애굽에 내리신 말씀>, <애굽과 그 동맹국들의 파멸>, <레바논의 백향목 같은 애굽>, <애굽의 죽음>, <선지자의 임무와 책임>, <에돔에 재앙을 주시다>, <이스라엘

이 받는 복〉(왔다갔다, 비틀비틀 주정뱅이 문장), 〈여호와의 이름을 위하여〉, 〈마른 뼈들이 살아나는 환상〉, 〈마곡의 곡 왕〉, 〈침략자 곡의 멸망〉, 〈앞으로 세워질 성전〉, 〈암뜰의 남문〉, 〈성소의 내부〉, 〈성전 곁의 건물들〉, 〈여호와의 영광이 나타나다〉, 〈제단을 바치다〉, 〈제단 봉헌에 관한 규례〉, 〈성전 출입에 관한 규례〉, 〈레위인들〉, 〈하나님의 차지〉, 〈왕의 차지〉, 〈안식일과 월삭〉, 〈백성의 대표인 앙〉, 〈성전에서 흘러 나오는 물〉, 〈땅의 경계선과 분배〉, 〈일곱 지파의 땅 분배〉, 이게 전부야. 그 어떤 중간 타이틀에서도 앞부분에서 말한 주석들하고는 한 치의 상관도 없는 타이틀들이란 걸 말하려고 내 말이 좀 지루해졌는지 모르겠어.

이 장로; 김 장로, 정말 수고했어. 구약을 김 장로처럼 철저하게 공부할 사람이 없을 것이라고 생각해서 주석을 다는 박사들이 기분 나는 대로 거짓말 해놓고 원고료만 챙겼는데 이렇게까지 분석해서 그들을 개망신시킬 거라곤 아마도 저들이 전혀 생각 못했을 거야.

내가 칼과 기근과 사나운 짐승과 온역으로 이스라엘을 멸하리라

23

이 장로성경 주석자가 에스겔 집필자가 환상을 많이 보았다고 기술했는데, 그야말로 그가 기술한 표현들을 보면 정말로 술주정뱅이의 막말이나 노예 백성의 본색을 그대로 드러내고 있다는 인상을 강하게 받게 되요.

앞서 예레미야 애가서의 말미에서 "처녀 내 백성의 멸망할 때에 자비한 부녀가 손으로 자기 자녀를 삶아 식물을 삼았도다." 한 것처럼, 에스겔에서도 비교적 앞부분인 제5장 10절에서도 "그러한즉 너의 중에서 아비가 아들을 먹고 ,아들이 그 아비를 먹으리라. 내가 벌을 네게 내리고, 너의 중에 남은 자를 다 사방에 흩으리라" 하고 "너의 가운데서 삼분지 일은 온역으로 죽으며, 기금으로 멸망할 것이요, 삼분지 일은 너의 사방에서 칼에 엎드려질 것이며, 삼분지 일은 내가 사방에 흩고, 또 그 뒤를 따라 칼을 빼리라."(12절)하고는 뒤이어 17절에서도 "내가 기근과 악한 짐승을 너희에게 보내어 외롭게 하고, 너희 가운데 온역과 살육을 행하게 하고, 또 칼이 너희에게 임하게 하리라. 나 여호와의 말이니라." 고 악담을 계속하고 있는데 이게 끝이 아니고, 6장에서도 "이스라엘 자손의 시체를 그 우상 앞에 두며, 너희 해골을 너희 제단 사방에 흩으리라"(5절) 하고는 12절에서도 "먼데 있는 자는 온역에 죽고, 가까운데 있는 자는 칼에 엎드려지고, 남아 있어 에워싸인 자는 기근에 죽으리라.

이같이 내 진노를 그들에게 이룬즉 그 살육 당한 시체가 그 우상 사이에, 제단 사방에, 각 높은 고개에, 모든 산꼭대기에, 모든 푸른 나무 아래에, 무성한 상수리나무 아래 곧 그 우상에게 분향하던 곳에 있으리니 너희가 나를 여호와인 줄 알리라."고 으름장을 놓고 있어.

여호와하나님의 엄포와 공갈은 계속해서 이어져. 제7장 15절의 "밖에는 칼이 있고, 안에는 온역과 기근이 있어서 밭에 있는 자는 칼에 죽을 것이요, 성읍에 있는 자는 기근과 온역에 망할 것이며"(15절), 8장에서도 "그러므로 나도 분노로 갚아 아껴보지 아니 하고 긍휼을 베풀지도 아니 하리니 그들이 큰 소리로 내 귀에 부르짖을지라도 내가 듣지 아니 하리라."고 여호와하나님의 냉혈성을 드러내고 있어.

성경에 의하면 여호와하나님은 피도 눈물도 인정도 깡그리 없어. 이처럼 여호와 하나님에 대한 죄악상의 고발이 그치지 않고 계속되고 있어. 김 장로가 8장 이하를 좀 인도해 주게나.

이스라엘 백성의 시체로 거리를 채운 여호와 하나님

24

김 장로   에스겔의 저자는 아주 작심하고 여호와하나님의 범죄 사건을 낱낱이 그들의 야만적 언어로 기록하고 있어. 여기서 한 가지 집고 넘어가야겠어.
지금까지 그저 성경에 적힌 대로 하나님이 인간 집단 학살의 주된 수단 중 하나로 써먹은 <온역>이 사실상 한국말로는 좀 낯선 단어야. 그래서 영어 성경책을 참조해 봤더니 영어로는 플레이그(plague)라고 적고 있더군.

사전에 보면 그건 <악성 전염병, 천벌>, 이런 뜻이라고 적혀 있어. 이런 걸 성경 번역자들이 애매하게 흔히 일상에서 쓰지도 않는 온역이라고 은근슬쩍 좀 완화해서 번역한 것 같아. 제대로 번역한다면 악성 전염병 또는 천벌이라고 해야 독자들에게 이해가 잘 될 거야.

끔찍하지만 어차피 시작한 성경 공부이니 계속하는 수밖에 없는데, 여호와가 또 잔뜩 화가 나서 "그러므로 나도 분노로 갚아 아껴보지 아니하고 긍휼을 베풀지도 아니하리니, 그들이 큰 소리로 내 귀에 부르짖을지라도 내가 듣지 아니 하리라."(18절) 하고는 9장에서도 "늙은 자와 젊은 자와 처녀와 어린 아이와 부녀를 다 죽이되 이마에 표 있는 자에게는 가까이 말라. 내 성소에서 시작할지니라 하시매 그들이 성전 앞에 있는 늙은 자들로부터 (죽이기)시작하더라." 그렇게 마구잡이로 이스라엘 백성을 남녀노소 안 가리고 죽여서 "이 성읍에서 많이 살육하여 그 시체로 거리에 채웠도다."(11장 6절)고 살상 기록을 자랑하고 있어.

그리고 13장에서도 "그러므로 나 주 여호와가 말하노라. 내가 분노하여 폭풍으로 열파하고, 내가 진노하여 폭우를 내리고, 분노하여 큰 우박 덩어리로 훼멸하리라."(13절). 여호와의 분노와 진노는 14장에서도 이어지고 있어. "가령 내가 그 땅에 온역을 내려 죽임으로 내 분을 그 위에 쏟아 사람과 짐승을 거기서 끊는다 하자"(19절), "비록 노아, 다니엘, 욥이 거기 있을지라도 나의 삶을 두고 맹세하노니 그들은 자녀도 건지지 못하고, 자기의 의로 자기의 생명만 건지리니 나 주 여호와의 말이니라."(20절)고 몽땅 다 쓸모없다고 자기가 한때 부렸던 선지자들까지 던져버리는 거야. 21절에서도 "주 여호와께서 가라사대 나의 네 가지 중한 벌, 곧 칼과 기근과 사나운 짐승과 온역을 예루살렘에 함께 내려 사람과 짐승을 그 중에서 끊으리니, 그 해가 더욱 심하지 않겠느냐?"고 에스겔 선지자는 여호와의 말을 직접 인용하고 있어.

이것이야말로 하나님의 범죄에 대한 확증을 위한 기록이 아니고 뭣이겠어. 성경책도 없는 애기야.

이와 같은 범죄 기록은 15장에서도 이어지고 있어. "그러므로 주 여호와 내가 말하노라. 내가 수풀 가운데 포도나무를 불에 던질 화목이 되게 한 것 같이 내가 예루살렘의 거민도 그같이 할지라."(6절)고 여호와를 일인칭으로 적고 있단 말이야.

여호와하나님 그 자신이 직접 학살의 죄가 있다는 것을 기록한 거라고 봐야겠지. 에스겔서의 특징이 곧 이처럼 여호와 하나님을 <그가>라든가 <여호와가>라든가 여호와하나님을 삼인칭으로 그 말을 원용하는 것이 아니라 <나 여호와가>, <내가>, <나 주 여호와가 말하노라>는 식으로 모든 범죄를 여호와 자신이 직접 저질렀다는 것을 확실하게 기록하는 의도가 무엇이겠어?

범죄 기록으로 남기려는 의도라고 보는 것이 올바른 해석일 것 같아요.

나 여호와의 칼이 날카로움은 살육을 위함이요

25

김 장로   에스겔서는 뒤편으로 갈수록 그 표현이 점점 더 잔인해지고 있어.

21장에서는 "나 여호와가 내 칼을 칼집에서 빼어낸 줄을 알지라." (5절)하고 10절에서는 "그 칼이 날카로움은 살육을 위함이요, 마광됨은(칼을 가는 것을 마광이라 표현) 번개 같이 되기 위함이니,", "그 칼이 손에 잡아 쓸 만하도록 마광되어 살육하는 자의 손에 붙이기 위하여 날카롭고도 마광되었다 하셨다 하라."(11절) 여호와의 잔인성을 고발하고 있는 거야. 그런 공감과 살상은 12절,1 4절, 15절, 28절로 계속 이어지는데, 31절에서도 보면 "내가 내 분노를 네게 쏟으며, 내 진노의 불을 네게 불고, 너를 짐승같은 자, 곧 멸하기에 익숙한 자의 손에 붙이리로다."라고 해 놓고는 "네가 불에 섶과 같이 될 것이며, 네 피가 나라 가운데 있을 것이며, 네가 다시 기억되지 못할 것이니, 나 여호와가 말하였음이니라 하라."(32절)고 여호와의 공갈을 직접 표기 방식으로 기록하고 있어.

이 장로   김 장로! 좀 쉬시게나. 몸살 나겠어.

22장 이하에서는 점점 더 악랄하고 끔찍한 표현으로 도배되어 있다구. "사람이 은이나 놋이나 철이나 납이나 상납이나 모아서 풀무 속에 넣고 불을 붙여 녹이는 것 같이 내가 노와 분으로 너희를 모아 거기 두고 녹일지라."(20절)하고 이어서 "내가 너희를 모으고 내 분노의 불을 너희에게 분즉 너희가 그 가운데서 녹되"(21절), "은이 풀무 가운데서 녹는 것 같이 너희가 그 가운데서 녹으리니 나 여호와가 분노를 너희 위에 쏟은 줄을 너희가 알리라."(22절) "내가 내 분으로 그 위에 쏟으며 내 진노의 불로 멸하여 그 행위대로 그 머리에 보응하셨나니라. 나 주 여호와의 말이니라."(31절)고 여호아 하나님 자기 자신의 죄악을 자랑처럼 떠벌이고 있는 거야. 이번엔 또 코와 귀도 깎아버려. 23장 25절에서 보면 "내가 너희를 향하여 투기를 발하리니 그들이 분노로 네게 행하여 네 코와 귀를 깎아 버리고, 남은 자를 칼로 엎드려뜨리며, 네 자녀를 빼앗고, 그 남은 자를 불에 사르며" 하더니 여호와가 또 이번에는 군대를 동원해서 "돌로 치며 칼로 죽이고 그 자녀도 죽이며 그 집들을 불사르고"(47절), 24장에서는 "주 여호와의 말씀에. 너희의 버려둔 자녀를 칼에 엎드려지게 할지라."(21절) 하며 어린이 살상도 자랑하고 있어요.

그리고는 "들에 있는 그의 딸들은 칼에 죽으리니 그들이 나를 여호와인 줄 알리라."(26장 6절) 하고는 또 그 19절에서 "나 주 여호와가 말하노라. 내가 너로 거민이 없는 성과 같이 황무한 성이 되게 하고, 깊은 바다로 네 위에 오르게 하며, 큰물로 너를 덮게 할 때", "내가 너를 구덩이에 빠뜨려서 너로 바다 가운데서 살육을 당한 자의 죽음 같이 바다 중심에서 죽게 하리라." (28장 8 절) 하면서 지금까지 쓰지 않던 대량 학살 방법이 동원 되고 있어. 사람들을 바다 속에 던져서 죽이는 방법이 동원 되는 거야.

주 여호와가 갈고리로 네 아가미를 꿰고

26

김 장로   구약성경은 인간 살상 방법이 총 망라 된 백과사전이라는 인상이 점점 더 굳어져요. 구약을 공부하다 보면 별 놈의 살상 방법이 하나 둘 자꾸 들어 나. 기상천외의 방법들 말이야.

이번에는 또 나 주 여호와하나님이라고 으스대면서 "내가 (주 여호와가) 갈고리로 네 아가미를 꿰고, 네 강의 고기로 네 비늘에 붙게 하고, 네 비늘에 붙은 강의 모든 고기와 함께 너를 네 강들 중에서 끌어 내고,"(29장 4절), "너와 네 강의 모든 고기를 들에 던지리니 네가 지면에 떨어지고 다시는 거두거나 모음을 입지 못할 것은 내가 너를 들짐승과 공중의 새의 식물로 주었음이라."(5절). 앞에서도 지적했지만 소위 창조주 여호와란 자가 동식물을 인간을 위해서 만들었다는 것은 거짓말이라는 얘기가 되는 셈이지.

이 장로 32장으로 건너뛰자고.

여호와의 살상 기록은 30장과 31장에서도 여섯 구절이나 되지만 (30장 4절, 5절, 6절, 11절, 17절, 31장 17절), 32장에서도 또 희한한 살상 방법이 등장하고 있어. 어떤 의미에서는 앞에서도 봐왔지만 32장에서는 4절부터 시작해서 열여덟 구절이나 끔찍한 기록이 적혀 있어. "내가 너 이스라엘 백성을 물에 버리며 들에 던져 공중의 새들로 네 위에 앉게 할 것임이며, 온 땅의 짐승으로 너 이스라엘 백성을 먹어 배부르게 하리로다." 하고는 "내가 네 살점을 여러 산에 두며, 네 시체를 여러 골짜기에 채울 것임이여."(5절). "네 피로 네 헤엄치는 땅에 물대듯 하여 산에 미치게 하여 그 모든 개천에 채

우리로다."(6절). 사람을 얼마나 많이 도륙했으면 그래 그 피로 땅에 물대듯 하고 개천을 메우느냐 말이야. 너무 너무 끔찍해. 이걸 성경이라고? 21절에서는 웬 놈의 엉뚱한 할례 얘기가 나오면서 할례 받지 않은 자들을 죽이는 얘기가 근 열 구절이나 나와요.

그건 좀 재미없는 얘기니까 건너뛰고, 33장에서도 여호와가 인간들을 들짐승들의 밥으로 준 가록이 또 너와. 33장 27절에서 "너는 그들에게 또 이르기를 주 여호와의 말씀에 내가 나의 삶을 두고 맹세하노니 황무지에 있는 자는 칼에 엎드러뜨리고, 들에 있는 자는 들짐승에게 부쳐 먹게 하고, 산성과 굴에 있는 자는 온역(악성 전염병)에 죽게 하리라." 하면서 사람을 잔인하게 죽이고 있어. 갈고리로 아가리 꿰는 얘기가 또 반복되는 걸 보니 여호와의 통상적인 살상 수법의 하나인가 봐. 38장 4절에서 "너를 돌이켜 갈고리로 네 아가리를 꿰고, 너와 말과 기병 곧 네 온 군대를 끌어내되 완전한 갑옷을 입고 큰 방패와 작은 방패를 가지며 칼을 잡은 큰 무리와." "나 주 여호와가 말하노라. 내가 내 모든 산 중에서 그를 칠 자를 부르리니, 각 사람의 칼이 그 형제를 칠 것이며"(21절), "내가 또 온역과 피로 그를 국문하여 쏟아지는 폭우와 큰 우박덩이와 불과 유황으로 그와 그 모든 떼와 그 함께 한 많은 백성에게 비를 내리듯 하리라."(23절) "이와 같이 내가 여러 나라의 눈에 내 존대함과 내 거룩함을 나타내어 나를 알게 하리니, 그들이 나를 여호와인 줄 알리라."고 으름장이야.

사람들을 그렇게 잔인하게 집단 학살을 해놓고는 <내 존대함과 내 거룩함을 나타냈다>고 자랑 하고 있으니 여호와하나님이 미친 것인지, 집필자가 미친 것인지 하여간 미친놈이 아니고서야 어떻게 집단 학살을 거룩하다고 표현하느냐 말이요.

사람들의 고기와 피로 짐승들을 초대해 파티를 연 여호와

27

김 장로   에스겔 39장 17절~20절을 읽을 테니까 들어봐.

"너 인자야, 나 주 여호와가 말하노라.
너는 각종 새와 들의 각종 짐승들에게 이르기를 너희는 모여 오라. 내가 너희를 위한 잔치 곧 이스라엘 산 위에 예비한 큰 잔치로 너희는 사방에서 모여서 고기를 먹으며 피를 마실지어다. 너희가 용사의 고기를 먹으며, 세상 왕들의 피를 마시기를 바산의 살찐 짐승 곧 수양이나 어린 양이나 염소나 수송아지를 먹듯 할지라. 내가 너희를 위하여 예비한 잔치의 기름을 너희가 배불리 먹으며, 그 피를 취하도록 마시되 내 상에서 말과 기병과 용사와 모든 군사를 배불리 먹을지니라 하라. 나 주 여호와의 말이니라."

이 장로 내용이 너무 잔인하고 끔직하고 또 너무나 분해서 큰 글자로는 쓸 수가 없어.

작은 글자로 적었다고 그 죄가 작아지거나 적어지는 것은 아니지만. 창세기에서 여호와하나님이 인류와 우주 삼라만상을 인간들을 위해 지었다고 한 모세의 글은 말짱 거짓말임이 들어 났어.

요는 하나님이라는 존재가 심심풀이로 지었거나 장난으로 지었다고 하는 편이 오히려 만화 같은 애교나 있지. 이런 자를 창조주 하나님, 사랑이 많으신 하나님, 자비로우신 하나님, 은혜로우신 하나님 등등 온갖 아부하는 미사여구로 하나님한테 아부하는 기독교 지도자들과 그들에게 속아서 엎드려 절하는 신자들도 이 악랄한 여호와하나님과의 공범으로 처단해야 옳을 것이라 굳게 믿어져. 이스라엘 민족이 노예 민족으로서 사람 고기, 그것도 부모와 자식 간에, 형제간에, 친구 끼리, 이웃끼리 서로 잡아먹은 문화도 여호와하나님으로부터 전승 받은 못된 문화의 한 부분이 아니가 싶어. 그리고 세상에 이스라엘 백성처럼 불쌍한 민족은 없어.

그리고 아버지, 아버지 하고 부른 그 하나님이 이스라엘 백성을 지금까지 공부하면서 읽은 것처럼 처절하게 죽인 나머지 인류학적, 생태학적, 역사학적으로 구약성경 당시의 이스라엘 백성은 단 한 명도 이 지구상에 남아 있지 않다는 저서가 여러 권 있을 정도지.

지금의 이스라엘 백성은 구약 시대의 이스라엘 백성과 피를 한 방울도 나누지 않고 있다는 것이야. 그러고 보면 성경은 거짓말을 하지 않는 책이라고도 할 수 있겠지. 어쨌든 구약은 성경이 아니고 만군의 주 여호와하나님의 범죄 기록임이 틀림없어.

하나님이라는 존재가 가짜이기망정이지 정말 실존하는 존재라면 우리 성경 공부하는 소식 듣고 도망치기 바쁠 거야. 어쨌든 우리 공부 끝나면 정리해서 책으로 만들어서 뉘렌버그 전범재판소에 고소장과 더불어 첨부 자료

　　　　 로 제출하는 것도 심각하게 생각해 봐야겠어.
　　　　 김 장로 생각은 어때?

김 장로　당연하지.

　　　　 여호와하나님의 죄악상을 온 인류에게 알리는 것 만해도 크게 뜻있는 일이지. 그리고 내친 김에 기독교 계몽 운동이랄까 박멸 운동이랄까 보람 있는 일을 시작해야 할 것 같아.

　　　　 이제 구약 공부 조금 남았는데 마자 끝을 내고 앞으로의 방향에 대해서도 심도 있게 논의해 볼 필요가 있겠어.

　　　　 성경책 차례대로 이번엔 다니엘서를 공부할 차례인데 다니엘 선지자는 에스겔 선지자처럼 그렇게 악랄한 기록은 많이 삼가고 있는 편 같아.

　　　　 다니엘은 하나님을 고발한 것이 아니고 왕들의 죄악상을 기록하고 있을 따름이고, 호세아는 그 1장 4절에서 "여호와께서 호세아에게 이르시되 그 이름을 이스라엘이라 하라. 조금 후에 내가 이스라엘의 피를 예후의 집에 갚으며, 이스라엘 족속의 나라를 폐할 것임이라"고 이스라엘의 패망을 선고하고 있어. 그리고 9장에 가서는 "비록 아이를 낳을지라도 내가 그 사랑하는 태의 열매를 죽이리라."(16절)고 여호와하나님의 영아 살상을 기록하고, 13장에서도 "내가 새끼 잃은 곰같이 저희를 만나 그 염통 꺼풀을 찢고 거기서 암사자 같이 저희를 삼키리라. 들짐승이 저희를 찢으리라."(8절) 하나님이라는 자가 사람들의 염통을 찢어 죽여서 삼키겠다고 호언한 것을 기록한 걸 보면 호세아 선지자도 여호와하나님의 악랄한 범죄를 숨기지 않고 그대로 기록하고 있어. 호세아 다음은 석장으로 된 요엘서인데 거기엔 하나님의 범죄나 살상 기록이 없어.

여호와께서 낚시로 끌고 가고 뱀에게 명하여 물게 하다

28

김 장로   아모스 선지자도 여호와하나님에 대해서 나쁜 감정을 가지고 있는 게 분명해.

왜냐하면 아모스는 여호와하나님의 죄악상을 그대로 사납게 적고 있거든. 1장에서도 여호와가 암몬 자손을 멸한 것을 기록하고, 2장에서는 "내가 그 중에서 재판장을 멸하며 방백들을 저와 함께 죽이리라 이는 여호와의 말씀이니라."(3절)고 적혀 있는데 여기서 방백들이 무슨 뜻인지 오르겠어. 그래서 영어 성경책을 읽어 봤더니 officials라고 적혀 있어.

즉 그 왕들의 신하들을 뜻하는 것이지. 왕과 그 신하들을 여호와가 다 죽였다 그런 뜻이지.

또 6장에는 희한한 기록이 나와. "여호와께서 가라사대 이스라엘의 서너 가지 죄로 인하여 내가 그 벌을 돌이키지 아니하리니 이는 저희가 은을 받고 의인을 팔며 신 한 켤레를 받고 궁핍한 자를 팔며"(6절), 이스라엘 사회의 부패상을 여호와가 단죄했다는 것이야 .그런데 그 단죄 방법이 "주 여호와께서 자기의 거룩함을 가리켜 맹세하시되 때가 너희에게 임할지라. 사람이 갈고리로 너희를 끌어가며 낚시로 너희의 남은 자들을 그리 하리라."(4장 2절). 이어서 그 9절에서는 "내가 풍재와 깜부기 재앙으로 너희를 쳤으며, 팟종이로 너희의 많은 동산과 포도원과 무화과나무와 감람나무를 다 먹게 하였으나 너희가 내게로 돌아오지 아니하였느니라.

이는 여호와의 말씀이니라."고 적혀 있는데, 이 구절에서도 우리에게는 생소한 어휘들이 몇 개 나와. 즉, <풍재>, <깜부기>, <팟종이>, 이런 단어들은 좀 낯설지 않아?

영어 성경책에 보니까 풍재는 blight 해충이란 뜻이고, 깜부기는 mildew 즉 곰팡이란 뜻이며, 팟종이라는 것은 locusts 즉 해로운 메뚜기란 뜻이야. 하여간 여호와하나님이란 자는 정말 못돼 먹었어.

어떻게 자기 백성이라 하면서 그들에게 이렇게도 못된 짓을 할 수 있었을까 도무지 이해가 안 가. 성경학자들이 하나님의 이렇게 풍부한 재앙의 방법들을 놓고 전지전능하다고 했는지도 모르겠어.

하여간 사람 죽이고 골탕 먹이는 방법엔 도사란 말이야.

　　여호와는 그 행실 만 못돼 먹은 게 아니고, 그 입도 썩었어.

7장 17절에서는 여호와하나님이 잘난 것처럼 악담을 내뱉고 있어. "여호와께서 말씀 하시기를 네 아내는 성읍 중에서 창기가 될 것이요, 네 자녀들은 칼에 엎드려지며, 네 땅은 줄 띄워 나누일 것이며, 너는 더러운 땅에서 죽을 것이요, 이스라엘은 정녕 사로잡혀 그 본토에서 떠나리라 하셨느니라." 라고 하고 8장에서도 악담은 계속되고 있지. "그 날에 궁전의 노래가 애곡으로 변할 것이며, 시체가 많아서 사람이 잠잠히 처처에 내어 버리리라. 이는 주 여호와의 말씀이니라."(3절).그 리고 9장에서는 "내가 거기서 뱀을 명하여 물게 할 것이요,"(3절) 하면서 여호와는 이스라엘 백성을 향해서 온갖 못된 짓을 다하고 있어.

해충, 곰팡이, 메뚜기 떼, 뱀, 사자, 미친 개, 이리떼, 악성 전염병, 갈고리, 낚싯바늘, 불, 큰 덩이 우박, 유황 불, 홍수, 들벌 등등 이루 다 셀 수 없을 정도로 악한 방법은 총동원해서 집단 학살 죄를 저질렀단 말이야.

사람의 가죽을 벗기고 그 뼈를 꺾어 다진 여호와

29

너희가 선을 미워하고 악을 좋아하여
내 백성의 가죽을 벗기고 그 뼈에서 살을 뜯어 그들의 살을 먹으며 그 가죽을 벗기며
그 뼈를 꺾어 다지기를 남비와 솥 가운데 담을 고기처럼 하는 도다.
(미가서 3장 2~3절)

김 장로   미가서 3장 2절과 3절의 표현은 어쩌면 구약 성경의 표현 중 가장 흉측한 표현일지도 몰라.

하기야 뭐 여호와하나님이 장군들의 가죽을 벗기고 왕들의 눈알을 빼 죽이고 코를 베어 죽이고 등등 처절하고 흉악한 표현이 구약의 구석구석마다 도배질 되어 있기도 하지만. 미가서 다음 나훔서와 하박국서에서는 여호와의 범죄 기록이 별로 안 보이고, 스바냐 선지자는 그 1장에서부터 여호와의 집단 학살을 기록하고 있어.

"여호와께서 가라사대 내가 지면에서 모든 것을 진멸하리라."(2절)하고, 이어서 3절에서도 "내가 사람과 짐승을 진멸하고, 공중의 새와 바다의 고기와 거치게 하는 것과 악인들을 아울러 진멸할 것이라. 내가 사람들을 지면에서 멸절하리라. 나 여호와의 말이니라." 몇 구절 건너뛰어서 17절에서도 "내가 사람들에게 고난을 내려 소경같이 행하게 하리니, 이는 그들이 나 여호와께 범죄하였음이라. 또 그들의 피는 흘리워서 티끌같이 되며, 그들의 살은 분토같이 될지라."는 엄포에 이어서 "온 땅이 여호와의 질투의 불에 삼키우리니, 이는 여호와가 이 땅 모든 거민을 멸절하되 놀랍게 멸절할 것임이니라"고 선포하고 3장 8절에서도 "나 여호와가 말하노라. 그러므로 내가 일어나 벌할 날까지 너희는 나를 기다리라. 내가 뜻을 정하고 나의 분함과 모든 진노를 쏟으려고 나라들을 소집하며 열국을 모으리라.

온 땅이 나의 질투의 불에 소멸 되리라."고 스바냐 선지자가 적고 있어.

스바냐서는 BC 640~622 경 집필한 것으로 알려져 있는데 그리고 보면 여호와하나님은 창세기 때 노아 홍수로 인류를 대량 학살하고부터 구약 시대 내내 이스라엘 백성을 멸절하고 있는 것으로 보면 구약 시대 이스라엘 백성은 출생률이 높았던 게 아닌가 싶어. 왜냐하면 여호와가 그토록 무수히 대량 학살을 했는데도 구약시대를 버티고 갈 수가 있었고, 여호와하나님이 계속해서 집단 학살 행위를 즐길 수 있었으니까 말이야.

다음 학개서에서도 "열국의 보좌를 엎을 것이요, 열방의 세력을 멸할 것이요, 그 병거들과 그 탄 자가 각각 그 동무의 칼에 엎드려 지리라." (2장 22절)고 한 구절 기록돼 있구먼.

이 장로 구약에서는 스가랴서에서 여호와의 범죄 기록이 마지막으로 나타나 있어.

11장에서 "내가 가로되 내가 너희를 먹이지 아니하고 죽는 자는 죽는 대로, 망할 자는 망할 대로, 그 나머지는 피차 살을 먹는 대로 두리라." (9절)하고, 13장 8절에서도 "여호와가 말하노니 온 땅에서 삼분지 이는 멸절하고, 삼분지 일은 거기 남으리니라." 하고 있어. 그리고 구약 맨 마지막으로 스가랴서 14장에서는 뜻밖에도 여호와하나님이 이스라엘의 적국 사람을 저주하는 것이 모처럼 기록 되어 있는데, 그 저주하는 말솜씨는 가히 여호와다워. "예루살렘을 친 모든 백성에게 여호와께서 내리실 재앙이 이러하니, 곧 섰을 때에 그 살이 썩으며 그 눈이 구멍 속에서 썩으며, 그 혀가 입 속에서 썩을 것이요," (8절) 라고 모처럼 이스라엘 외의 사람을 이토록 잔인하게 죽이는 기록으로 구약의 여호와의 살상 사건 기록을 그치고 있어.

　　김 장로! 그동안 우리가 정말 뜻있는 날들을 보냈어. 구약 전체를 샅샅이 뒤져서 여호와하나님의 범죄 사실을 꼬박 꼬박 찾아냈으니 역사 이래 이와 같은 연구와 작업을 한 것은 우리가 처음이란 말이야.
정말 엄청난 일을 한 것이지. 구약 전체 39권 중 모세가 5권을, 솔로몬이 3권을 썼으니까 구약 저자는 통틀어 33명인 셈인데, 이 중 4권은 저자 미상이지만 어쨌든

33명 저자 중 여호와의 범죄 기록을 적지 않은 선지자는 7명뿐이니까, 구약 성경 39권 중 7권을 빼면 구약 중 32권 즉 82%의 저자가 여호와하나님의 범죄를 기록한 셈이지. 성경 권 수와 절 수로 얘기하면 그렇지만 여호와하나님의 범죄를 기록하지 않은 성경들의 구절을 다 합해보면 요엘서 52절, 오바댜서 21절, 요나서 48절, 나훔서 28절, 하박국서 56절, 학개 38절 말라기서 55절로 총 합계 298절로서 구약 전체의 구절 수 23,143 구절의 불과 1.3%이기 때문에 구약 성경 전체의 98.7%에서 여호와의 범죄가 기록 되고 있다는 해석이 되는 것이지.

 이쯤 되면 구약을 성경이라고 결코 말할 수는 없고, 우리가 여러 번 지적한 것처럼 <구약은 여호와하나님의 범죄 기록>이라고 정의해야 양심적인 해석이 틀림없어. 우리 며칠 쉬었다가 우리 성경 공부의 폐회식을 둘이서나마 좀 뜻 있게 하도록 하세.

뭐 거창하게 폐회식이랄 것까지는 없고, 우리 둘이 폐회 소감을 한 마디씩 하자는 것이지. 그 동안 정말 수고 많았어. 우리 둘 다 덕분에 자연 다이어트 되었어.

 체중이 많이 줄었단 말이야.

구약 연구 보고회 폐회식

에필로그

1. 폐회인사 (이 장로) : 구약은 하나님의 범죄 기록이다.
성경이 아니다.

　오늘 이처럼 구약 연구 보고회에 참석해 주신 여러분에게 진심으로 감사의 말씀을 올립니다.
　일전 딱 한 번 <구약 연구 보고회 개최, 주제 : 여호와 하나

님의 범죄〉라는 광고를 짤막하게 낸 것을 보시고 이처럼 많이 참석하셔서 오랜 시간 지루하실 수도 있는데 한 분도 몸가짐 흐트러지지 않고 끝까지 경청해 주신데 대해서 다시금 감사의 말씀을 드리는 바입니다.

 지난 2년 여간 이 연구를 같이 해온 김 장로와 저는 모태 신앙으로서 어릴 때부터 죽마지우였으며 고등학교도 같이 다녔지만 각각 교회는 따로 다니면서 평생 장로 직분으로 신앙생활을 돈독히 해온 처지입니다.

 그런데 어느 날 우리들의 화제가 성경에 미치자 서로 성경을 한 평생 들고만 다녔지 단 한 번도 창세기 1장 1절부터 전부를 통독해본 사실이 없고, 단지 교회 주보에 적힌 구절들을 교회 예배 시간에 읽은 일 밖에 없다는 것을 서로 알게 되어서 그렇다면 더 늙어서 책 읽을 기운도 없어지기 전에 우리가 같이 마음먹고 성경 공부하기를 다짐하고 먼저 구약부터 착수하게 된 것입니다.

구약은 39권으로 성경 구절은 모두 23,143 구절입니다. 지금까지 구약의 이 구절들을 한 구절도 건너뛰지 않고 구절마다 의미를 되새기면서 정성을 다 해 읽었습니다.

솔직히 말씀드리면 실은 중도에 성경을 더 이상 읽으면 우리의 신앙이 사라질 것이 두려워서 중단해야 하지 않을까 해서 망설여진 것이 한 두 번이 아니었습니다.

왜냐하면 구약은 읽으면 읽을수록 은혜롭기는커녕 여호와 하나님의 범죄가 점점 더 또렷하게 떠올라서 그를 경외하던 신앙심은 점점 차가워지고 그가 무섭기도 하지만 고약하고 괘씸한 생각이 자꾸 들면서 우리의 평생 신앙이라는 것이 완전히 사라지고 말았기 때문입니다.

그래서 여러 번 중도에 성경 연구를 포기하기도 했었습니다만 그래도 남자가 한번 마음먹고 연구하는 건데 끝까지 가보자고 해서 구약의 마지막 말라기 4장 6절까지를 연구하게 된 것입니다. 이제 우리는 더 이상 신약은 공부할 의미가 없다고 판단되어서 오늘 여러분을 모시고 지금까지 저희들이 진행한 구약 연구를 보고 드린 것입니다.

    비교적 긴 시간 동안 진행한 구약 연구의 결과 유감스럽게도 김 장로와 저는 하나님을 마음속에서 깨끗이 버렸습니다. 처음 하나님을 버린다고 생각했을 때는 한편 평생 모셔 온 하나님과 결별한다는 것이 매우 서운하고 허전하기도 했습니다.

    또 한편 은근히 그가 벌을 주지나 않을까 두렵기까지 했으나 성경 연구 결과 그가 피비린내 나는 집단 학살 범이라는 사실이 확고히 밝혀지고부터는 그를 깨끗이 버릴 수밖에 없게 되었습니다.

그 순간 우리 둘은 정말로 온갖 찌꺼기 감옥으로부터 해방되는 쾌감을 느끼게 되었으며, 창공을 훨훨 자유롭게 날면서 인간의 참된 가치와 희열, 그리고 해방감을 느끼게 되었습니다. 이 해방감이야말로 경험해보지 않고는 말로 표현할 수 없는 기쁨이고, 진실한 해방감입니다.

김 장로와 저는 지난 2년여 동안 한눈팔지 않고 구약을 집중적으로 연구한 결과 크게 두 가지 구약의 특징을 발견하게 되었습니다. 첫째, 구약은 성경이 아니고 여호와 하나님의 범죄 기록이라는 점입니다. 둘째, 구약은 하나님의 인간 살상 방법의 백과사전이라는 점입니다.

여기서 제가 먼저 구약은 하나님의 범죄 기록이라는 점에 대해서 말씀 드리고 김 장로가 이어서 구약은 여호와 하나님의 인간 살상 방법의 백과사전이라는 점에 대해서 말씀 드리도록 하겠습니다.

먼저 시편 7장의 몇 구절을 소개해 드리도록 하겠습니다. 11절에서 "매일 분노하시는 하나님이시로다."로 시작해서 12절에서는 "저가 그 칼을 갈으심이여! 그 활을 이미 당기어 예비하셨도다." 하고 13절에서도 "죽일 기계를 또한 예비하심이여! 그 만든 살은 화전이로다." 이렇게 여호와 하나님의 살벌한 피비린내 나는 모습을 기록해 놓고는 그 17절에서는 거꾸로 내용을 뒤집어서 "내가 여호와의 의를 따라 감사함이여! 지극히 높으신 여호와의 이름을 찬양하리로다." 이처럼 여호와 하나님의 피비린내 나는 모습을 기록해 놓고는 뒤이어서 하나님한테 아부하는 내용도 한 구절 삽입하고 있습니다.

구약을 보면 이런 장면이 자주 나타납니다. 이것이 무슨 뜻인지는 조금 뒤에서 말씀드리도록 하겠습니다.

구약은 아시다시피 39권으로 만들어져 있습니다. 그 중 아홉 권, 즉, 룻기, 에스라, 느헤미야, 아가, 전도서, 요엘, 오바댜, 요나, 하박국을 빼고 나머지 30권에서는 모두 여호와 하나님의 피비린내 나는 인간 살상의 범죄 사건들을 기록하고 있습니다. 근 천 구절이나 됩니다.

일찍이 미국의 제3대 대통령 토마스 제퍼슨(Thomas Jefferson)은 "구약은 하나님의 말씀이 아니고 악마의 글이다. 기독교가 정말로 하나님을 위하려면 구약은 폐기해야한다."고 주창한 이래 많은 신학자들이 구약 폐기 운동을 전개해 오고 있는 것을 주시할 필요가 있습니다. 저 유명한 빌리그라함이라는 미국의 부흥 강사와 신학교 동창생으로서 한 때 그와 부흥 강사를 동역하다가 모처럼 시간이 나서 "평생 처음으로" 구약을 읽을 기회를 얻어 구약을 자세히 읽어보고는 환멸해서 반기독교로 돌아선 챨스 템플톤(Charles Temple-ton)을 비롯해서 미국의 저명한 신학 박사들이 구약 배척 운동을 하고 있습니다. 신학교 시절은 학교에서 숙제로 주는 구절들만 몇 토막 반복적으로 읽을 뿐 구약을 전부 읽을 기회는 없다는 것입니다.

사실 기독교 역사 초기인 서기 85년~160년 기간에도 소아시아 출신의 선구자였던 마르시온(Marqcion)은 일찌기 구약을 완전히 포기하고 신약을 탈유대화하려고 노력한 학자로서 구약의 하나님은 복수심에 불타는 야훼라고 지적한 바도 있습니다. 그리고 델리취(F.Delitzsch, 1850~1922)는 그의 저서 『대사기극』에서 야훼는 특정한 민족의 신으로서 도덕적 수준이 너무 낮아서 최고로 높으신 세계의 하나님으로 인정할 수 없다고 하였습니다. 그리고 또 하르낙(A.von Harnack 1851~1930)도 "19세기 이후에도 구약을 정경에서 제거하지 못한 것은 종교와 교회가 제 기능을 발휘하지 못한 결과"라고 지적하고 있으며, 바움게르텔(F. Baumgartel 1888~1981)도 구약은 기독교 종교와는 다른 자리에서 생겨난 것이라는 주장 등 구약 배척 운동은 역사적으로 상당히 오랜 기록을 가지고 있습니다.

그런데도 불구하고 구약이 어떻게 오늘날까지 버텨올 수 있었을까요. 그것은 로마 교황청의 트리엔트 공의회의 반포문 덕분이라고 보는 견해가 지배적입니다.

16세기 중반(1545~1563)에 이 공의회에서는 평신도는 물론 사제들까지도 구약은 절대로 읽으면 안 되고 더구나 연구하거나 발표하는 것도 철저히 금지하였던 덕에 아무도 구약에 대해서는 더 이상 왈가왈부할 수가 없었던 것입니다. 구약은 읽으면 반드시 탈이 나게 마련입니다.

　　역설적이게도 김 장로와 저는 구약을 철저히 연구한 결과 여호와 하나님이라는 살인 괴수로부터 해방될 수 있었던 것처럼, 그 누구도 구약은 읽으면 탈이 나게 마련입니다.

　　글이란 그 어떤 글이든 간에 집필자의 목적과 동기가 있는 것입니다. 허수아비가 글을 쓰는 것은 절대 아닙니다. 구약은 이스라엘의 선지자들이 쓴 글입니다.

　결코 그들이 아무 목적이나 동기 없이 그냥 쓴 것은 아니며, 더구나 우리가 배워 온 것처럼 성경으로 쓸 목적으로 구약을 집필한 것은 절대 아닙니다.

　구약의 모든 구절들, 특히 하나님의 범죄 기록이 있는 근 천여 구절들의 앞뒤 문맥과 그 구절들에 사용된 어휘들을 자세히 분석해 보면 구약은 절대로 성경이 될 수가 없습니다. 여기서 잠깐 꿈 얘기를 말씀 드리려고 합니다.

　정신분석학자 프로이드나 심리학자 칼 융에 의하면 꿈이란 때로 그 내용과 길이가 현실 세계에서의 그것과 동일할 수 있다고 지적한 바 있습니다.

제 개인의 꿈 얘기를 여기서 말씀드리는 것이 매우 송구스럽습니다만 그 내용이 지금 제가 말씀드리는 내용과 깊이 연관되기 때문입니다. 어

느 날 아침잠에서 막 깨려는 순간인데 그야말로 비몽사몽의 순간에 머리와 수염이 허연 이스라엘 선지자들이라는 사람들이 우리 집 거실에 꿇어 엎드려 저에게 경배 드리는 것이었습니다. 그 중에 모세라는 사람이 앞으로 나와 앉더니 하는 말이 자기가 모세인데 일동을 대신해서 몇 말씀 올리려고 한다고 하면서 "실은 우리들은 구약의 저자들인데 지난 수천 수백 년 동안 저 영

계에서 저 숱한 영들로부터 엄청난 구박을 받으면서 한에 맺힌 세월을 지나오고 있었는데, 이제야 비로소 우리들의 구약 집필의 목적이 성경으로 쓰라고 쓴 글이 아니라 여호와 하나님의 범죄를 기록하기 위해서 썼다고 해석한 정경균 박사님의 저서가 저 영계에서 알려지고부터 그 영들의 원망과 구박으로부터 벗어날 수 있어서 정 박사님께 감사의 인사를 드리려고 이렇게 모여왔다."는 것이었습니다. 그러면서 모세가 몇 가지 예로 "구약을 성경으로 쓰라고 집필한 것이 아닌데 인간들 중 신학 박사와 목사들이란 자들이 자기들 돈 벌어 먹으려고 우리가 쓴 글을 성경이라고 뒤집어엎는 바람에 그 많은 인간들이 그들의 주장을 따르기 때문에 영계에서 우리들을 호되게 핍박해왔던 것이었다." 면서 몇 가지 구절을 예로 드는 것이었습니다.

　구약에 "여호와 하나님이 이스라엘 어린이들을 메어 터뜨려 죽였다는 구절은 사실 그대로 하나님이 저지른 범죄 행위를 그대로 묘사한 것입니다.

　만일 우리가 구약을 성경 목적으로 썼다면 왜 그렇게 잔인하게 썼겠습니까?

　만일 우리가 구약을 성경 목적으로 썼다면 '여호와 하나님께서 이스라엘의 어린이들을 그대로 죄악 세상에 내버려 두면 그들이 커서 또 죄에 물들어 지옥 갈까봐 미리 하늘나라로 인도

하는 자비를 베푸셨다.' 이렇게 썼을 것 아니겠습니까?

　또 구약에 '여호와 하나님께서 그 손으로 아이 밴 여인의 배를 가르사 그 창자를 들의 짐승과 공중의 새들의 먹이로 주셨다.'고 쓴 것도 사실 그대로 하나님이 행한 잔인한 범죄 기록일 뿐입니다. 만일 성경 목적으로 썼다면 '여호와 하나님께서 산모들의 산고를 도우시사 그 손으로 산고를 직접 어루만져 주시고 그 태는 짐승들의 먹이로 베푸셨다.' 이렇게 썼을 것 아닙니까? 또 구약 속에 '여호와 하나님이 이스라엘 왕들의 눈알을 빼서 죽였다.'고 쓴 것도 사실 그대로 하나님이 망나니짓을 한 것을 그대로 기록한 것이며, 만일 성경 목적으로 썼다면 '여호와

하나님께서 이스라엘 왕들의 눈병을 고쳐주시려고 그들을 저 하늘 나라로 인도 하셨다. 이렇게 썼을 것이 아니겠습니까?' 하는 것이다.

여기서 제가 그들에게 한 가지 질문을 했지요.

구약에 보면 지금 말씀하시는 것처럼 여호와 하나님의 죄악상이 많이 기록되어 있는 것은 사실이지만 구약의 많은 부분에서 하나님을 찬양하고 높인 서술들이 적지 않은데 그건 어떻게 된 것이냐 하고 물었더니 답인즉 여호와 하나님이란 자의 성품이 워낙 피비린내 나는 복수의 달인이라 범죄 기록만 적으면 당장에 우리들 집필한 것을 몽땅 모아 불사르고 우리들도 죽일 것이 두려워서 슬슬 그가 좋아할 소리도 섞어가면서 아부하는 글을 쓰지 않을 수 없었다는 것입니다.

위에서 지적한 시편 7장의 예가 그 좋은 본보기의 하나라는 답변이었습니다. 이렇게 답변을 남기고는 일동 기립했다가 다시 부복을 하고 저에게 큰 절을 하고는 일시에 사라지는 것이었습니다. 꿈치고는 너무나 생생한 꿈이었습니다.

저와 김 장로가 터득했던 구약 집필의 목적이 여호와 하나님의 범죄 기록을 쓰려고 했다는 것을 구약 기록자들이 제 꿈에 오셔서 확인해준 것입니다.

거듭 말씀드립니다만 성경 주석자들의 해석은 정말 소가 웃을 얘기들입니다. 또한 구약이 하나님의 범죄 기록인데 이것을 성경이라고 뒤집어놓은 것은 정말로 벌 받아 마땅한 거짓 행위입니다. 저 나라의 구약 저자들이 결코 그들을 용서하지 않을 것이라 믿어집니다.

    제 말씀은 여기서 그치겠습니다. 감사합니다.

    잠시 쉬셨다가 김 장로의 인사말씀을 듣도록 하겠습니다.

2. 폐회사 (김 장로) : 구약은 하나님의 인간 살상 방법의 백과사전이다

　　시간이 많이 지나갔는데 아직 한 분도 몸자세가 흐트러지지 않는 것을 보니 저희들 연구 보고 내용이 그런대로 가치 있는 것으로 동감해 주시는 것이라 생각하면서 다시금 용기를 가지고 저도 몇 말씀 인사말씀을 드리려고 합니다.
　　여호와 하나님은 인간 살상에 관한한 말 그대로 전지전능한 존재입니다. 그가 인류를 살상한 행위들을 시기적으로 분류하면

크게 세 개의 시기로 분류가 가능하다고 봅니다.

첫 번째 시기는 물론 구약 시대의 여호와 하나님의 인간 학살 시기로 잘라 말할 수 있겠습니다.

두 번째 시기는 2천 년 전 소위 자기 아들이라는 예수가 나타난 후의 인류 살상 시기를 구분할 수 있겠으며,

세 번째 시기는 바로 오늘날 중동과 세계 도처에서 벌어지고 있는 피의 투쟁 시기로 정의할 수 있겠습니다.

여호와 하나님의 인간 학살 방법들이 이들 세 개의 시기별로 다소 차이를 보이고 있는 것이 흥미롭다고 할 수 있겠습니다.

(제 1기)

첫째 구약 시대의 여호와 하나님이 주로 자기 백성 이스라엘에 진노하고 분해서 대량 학살한 방법들은 구약에 약 50여 가지가 기술되고 있습니다.

사회학에는 언어사회학이라는 분과가 있습니다. 구약을 은혜 받겠다는 마음이나 성경이라는 선입관과 편견을 자제하고 순수 언어사회학적 안목을 가지고 읽으면 그야말로 동서고금을 막론하고 인간이 문자를 발명하고 인쇄물을 만든 것 중 구약처럼 악랄하고, 잔인하고, 피비린내 나는 어휘들이 총망라된 책자는 없습니다.

구약은 전체 23,143 구절 중 천여 구절에서 이토록 피비린내 나는 살육에 관한 어휘들로 도배질 되어 있습니다.

구약의 기록들에서 여호와 하나님이 자기 이스라엘 백성에 진노하고 분노하사 그들을 학살한 방법들을 몇 가지 예로 들면, (1) 홍수로 전멸 집단 학살하고, (2) 불기둥과 유황불로 전멸하고, (3) 작살로 찍어 죽이고, (4) 어린이들을 메어 던져 터뜨려 죽이고, (5) 칼로 베어 죽이고, (6) 갈고리로 꿰어 죽이고, (7) 염병을 퍼뜨려 죽이고, (8) 창자가 썩게 해서 죽이고, (9) 혀가 입 안에서 썩어 죽게 하고, (10) 눈알이 눈 안에서 썩어 죽게 하고, (11) 문둥병을 퍼뜨려 몽땅 죽게 하고, (12) 맹수들을 불러서 물어 찢어 죽게 하고, (13) 굴로 도망 간 자는 들벌들을 보내서 물어뜯어 죽게 하고, (14) 솥에 삶아 죽이고, (15) 맷돌에 뼈까지 갈아 죽이고, (16) 이스라엘 백성의 피로 강을 이루고, (17) 정수리에 막대기를 박아 죽이고, (18) 소 모는 막대기로 이스라엘 백성을 쓸어 없애고, (19) 청년들은 칼로 죽이고, (20) 사람 죽이는 기계를 만들어 죽이고, (21) 화전이라는 화살로 죽이고, (22) 노인과 어린이와 부녀들은 기근으로 굶어죽게 하고, (23) 창자를 찢어 죽이고, (24) 미친 사자들을 이스라엘 백성에 풀어 물어뜯어 죽게 하고, (25) 이스라엘 왕들의 눈알을 빼서 죽이고, (26) 왕들의 손가락과 발가락을 잘라 상 밑에 뿌린 빵가루를 주워 먹다 죽게 하고, (27) 왕들의 가죽을 벗겨 죽이고, (28) 장군들을 잡아 들짐승과 공중의 새들을 초대해서 그들의 고기로 파티를 하면서 그 피를 취하도록 마시라 하고, (29) 이스라엘 백성들로 하여금 부모가 자식을 잡아먹고 자식이 부모를 잡아먹게 하고, (30) 이스라엘 백성들로 하여금 형제끼리, 친구끼리, 이웃끼리 서로 잡아먹게 하고, (31) 이스라엘 여인들로 하여금 자기 가랑이로 낳은 자기 자식을 솥에 삶아 먹게 하고, (32) 아이 밴 여인들의 창자를 여호와의 손으로 갈라 들의 짐승들과 공중의 새들의 먹이로 주고, (33) 여호와의 칼에서는 피가 뚝뚝 흐르고, (34) 여호와의 칼날에는 사람 기름이 그대로 묻어 있고, 등등...이토록 구약 속에는 여호와 하나님이 주로 자기 이 스라엘 백성의 남녀노소를 집단 학살한 방법들이 그 옛날 노예 백성의 언어로 거리낌 없이 적나라하게 적었고, 그것들을 후세의 번역가들은 그 뉘앙스를 살려서 그대로 쓰고 있습니다.

    기독교는 어쩌면 또 칼의 종교라고 할 수도 있을 것 같습니다. 왜냐하면 성구사전(서울말씀사)에서 보면 구약 속에서 칼이라는 단어가 394회나 사용되고 있고 신약에서도 칼이라는 단어가 열 군데나 됩니다.

    이것이야말로 출판물간행법에 의하면 어느 나라에서나 출판 금지의 대상인데 버젓이 성경이라는 포장으로 전 세계의 베스트셀라 행세를 하고 있는 현실은 정말로 통탄하지 않을 수 없습니다.

(제 2기)
제 2기는 2천 년 전 소위 하나님의 독생자라는 자기 외아들 예수를 세상에 보내서 20세기까지의 기간 동안 하나님과 예수가 합작해서 인류의 피를 흘리게 한 범죄 시기라 할 수 있겠습니다.

누가복음 12장 49절 이하 몇 구절을 보면 예수가 이 세상에 온 목적을 자기 입으로 솔직하게 고백하고 있습니다. 즉 "내가 불을 땅에 던지러 왔노니 이 불이 이미 붙었으면 내가 무엇을 원하리요"(49절). "내가 세상에 화평을 주려고 온 줄로 아느냐. 내가 너희에게 이르노니 아니다. 도리어 분쟁케 하려 함이로다. 이후부터 한 집에 다섯 사람이 있어 분쟁하되 셋이 둘과, 둘이 셋과 하리니"(52절). "아비가 아들과, 아들이 아비와, 어미가 딸과, 딸이 어미와, 시어미가 며느리와, 며느리가 시어미와 분쟁하리라 하시니라"(53절).

  이처럼 예수는 자기가 이 세상에 온 목적을 실토하고는 그 옛날 전기불도 없는 몽매한 시대에 보이지도 않는 천국에 관한 얘기를 "너희가 지금은 알지 못하나 때가 오면 알게 되리라"

하면서 비유로 몽땅 설교를 해 놓아서 도무지 뭐가 뭔지 아리송하게 말을 해서 이현령비현령으로 귀에 걸면 귀걸이 코에 걸면 코걸이가 되도록 서로 싸움질하게 해놓고는 또 자기만이 "길이요 진리요 생명이라"고 가르쳐 자기 말만이 옳다고 주장하면서 서로 분쟁하고 적대시하도록 이 땅에 불씨를 퍼뜨려서, 그야말로 예수 이후 이 땅에서는 소위 여호와 하나님과 예수라는 존재 때문에 어마어마한 살육이 벌어진 것을 우리가 알고 있습니다. 지금 지구상에는 기독교의 종파가 자그마치 25,000개나 된다는 기록도 있습니다. 이들로 인해서 인류의 역사는 피의 역사라는 말이 나오고 있는 것입니다.

역사에 가정은 없다지만, 한번 하나님과 예수가 없었다고 가정한다면 이 땅에서 그토록 피비린내 나는 살육은 없었을 것입니다. 역사를 통한 이 살육은 주로 카톨릭이라는 바티칸의 교황청 집단과 청교도라는 존 칼빈의 후예들이 남미와 북미대륙에서 저지른 범죄의 시기라고 말할 수 있겠습니다. 이런 범죄에 대해서는 『독교범죄악사(조찬선 목사 지음)』라는 책자에 너무나 잘 기술되어 있기 때문에 인터넷에 요약된 내용을 위주로 여기에 요점만을 소개해 드릴까 합니다.

제 1기 구약 시대에도 마찬가지였습니다만 특히 이 시기에 두드러지는 기독교의 절대 절명의 윤리적 기준이란, 자기와 다르게 생각하는 자는 누구나 이교도이고 이들 이교도는 무자비하게 죽이고 약탈하고 강간을 해도 죄가 되지 않는다는 것이었습니다.

그래서 예수라는 외아들이 나타난 후로는 더욱 잔인하고 피비린내 나는 역사가 전개 되었던 것입니다.

이들 죄악사를 『기독교죄악사』에서는 (1) 십자군 전쟁, (2) 중남미 약탈, (3) 북미청교도의 범죄, (4) 종교재판소, (5) 마녀사냥, (6) 종교전쟁이라는 여섯 단위로 구분해서 기독교가 인류에게 범한 죄악의 기록들을 소개하고 있습니다.

이 기록들은 상당한 역사적 자료에 근거한 것들이라고 믿어져서 그 핵심적인 내용들을 간추려서 오늘 여러분들에게 간략하게 소개드리려고 합니다.

(1) 십자군 전쟁(1096~1291)

십자군 전쟁은 교황의 명에 의해서 회교도를 소탕할 목적으로 만들어진 군대입니다. 그런데 이 십자군의 특징은 첫째, 모병제로 군인들을 모았고, 둘째로 전쟁 물자를 교황청이 조달한 것이 아니고 군인들이 현지조달을 하도록 한 것입니다. 점령지의 인간들을 하나님의 영광을 위하여 마음대로 학살하고 약탈하고 강간해도 좋다는 것이 모병의 조건이었기 때문에 십자군이 가는 곳은 어디나 피비린내 나는 비극이 벌어졌던 것이다.

　이들은 회교도로부터 예루살렘을 탈환하기 위해서 무자비한 행실을 서슴지 않았는바 회교도들이 삼킨 보물을 꺼낸다고 저들의 배를 톱으로 가르고 인육을 구워 먹기까지 하였습니다. 결국은 회교도가 승리하고 아홉 번에 걸친 십자군 원정은 패하고 말았지만…

　(2) 중남미 정복

　천주교인들이 중남미에 처음 상륙한 것은 1492년으로 기록되고 있습니다.

이들 교황의 파견부대가 중남미를 침략할 당시 그 원주민의 수는 2,500만 명으로 알려져 있는데 약 100년이 지난 1592년에는 그 인구가 불과 100만 명으로 파악되고 있습니다.

　　교황청의 기독교인들은 16세기 초 중남미에서 840만~1350만 명 즉 전인구의 94%를 학살하고, 16세기로부터 약 350년간 남미에서 약 1억 2천만 명을 학살한 것으로 기록되고 있습니다. 이들 천주교도들은 그 찬란하던 잉카문명, 타이노 문명, 마야문명의 흔적을 말살하고 모든 문화유산과 자료들을 불태워 없앴습니다. 사실 따지고 보면 교황청이라는 것은 범죄의 소굴이었습니다. 16세기 전까지 만 해도 사제들이 마음대로 결혼도 했는데 구약의 선지자들을 본받아 본처를 10여명 두고, 그만큼 많은 수의 첩을 두고도 매일 밤 교황청으로 교황과 사제들을 위해 25명의 창녀들을 불러드렸다는 기록이 있답니다. 그 당시 창녀의 하룻밤 화대가 계란 한 알 값이었다네요.

(3) 북미에서의 청교도들의 살육

콜럼버스가 북미대륙을 점령해서 350년 동안 그 원주민 약 1억 여 명을 학살한 것을 그들은 신대륙의 발견이라 하고 청교도들이 하나님의 영광을 들어낸 업적이라고 자랑하고 있습니다. 아무리 모든 역사는 승자의 역사라 하지만 어떻게 뻔히 원주민들이 대량 살고 있는 땅을 신대륙의 발견이라고 미화하고, 그 엄청난 살육행위는 하나님의 승리라고 둘러댈 수 있겠느냔 말입니다. 1637년 한 해만도 원주민 500명을 죽이는 자리에서 하나님께 감사예배를 드렸다는 기록도 있다고 합니다.

한쪽에서는 원주민들을 학살하면서 또 한쪽에서는 하나님께 찬양하는 찬송과 기도를 드렸다는 것입니다.

하나님은 이런 것을 좋아하는 모양입니다. 그리고 청교도들이 흑인 노예를 납치한 수도 약 1,200만~1,500만으로 추산하고 있다는 것입니다.

(4) 종교재판소(1232~1834)

이단 색출이란 명목으로 교황령에 의해서 약 600년간 악명을 떨쳤던 기독교의 죄악사입니다.

13세기 중반 스페인 인구가 약 2,000만이었던 것이 15세기 중반에는 불과 600만 명으로 감소했다는 것입니다. 그만큼 이 종교재판소의 집단학살이 극심했다는 이야기가 됩니다.

천주교 종교재판소와 칼빈의 개신교의 박해를 통해서 5,000만 명이 이단이라는 죄명으로 집단학살을 당했다는 기록도 있습니다. 그러면 이 종교재판소는 인간들을 어떻게 처형했을까요? 놀라지 마십시오. 종교재판소의 처형 방식을 나열하면 다음과 같은 방법들이었다고 합니다.

　　① 칼과 송곳이 박힌 둥근 나무통 속에 이단자들의 나체를 넣어 굴리는 방법

　　② 칼과 송곳이 박힌 판자를 땅바닥에 깔고 나체의 이단자를 높은 곳에서 떨어뜨려 죽이는 방법

　　③ 이단자의 자녀를 잡아 부모 앞에서 살해, 끓는 물속에 던져 삶아버리는 방법

　　④ 끓는 납을 이단자의 귓속과 입 속에 부어 넣는 방법

　　⑤ 눈을 파내고 혀를 자르는 방법

　　⑥ 나체를 거꾸로 매달아 말려 죽이는 방법

⑦ 네 마리의 말과 소가 사방으로 달려 이단자를 찢어 죽이는 방법, 소위 우리의 능지처참 방식

이 때 사제들은 둘러서서 "내가 네 영혼을 마귀에게 주노라."고 선포하면서 승리의 찬송가를 불렀다는 것입니다. 아마도 여호와 하나님이 들으셨겠지요.

(5) 마녀사냥

이교도들을 박해하기 위해서 로마 교황 8세에 의해서 시행된 종교재판이 변질되어 악마적 마법의 집회와 밀교를 제거한다는 마녀사냥이 시작되어 그것이 세속법정에까지 확장되어 마녀

라고 판정한 피의자를 완전 나체로 세워 놓고 신체의 모든 털을 뽑아 상상할 수 있는 모든 방법을 동원해서 하나님의 이름으로 서슴없이 살육을 자행했다는 것입니다.

두산백과의 집계에 의하면 15세기부터 시작한 마녀사냥으로 300여 년 동안 12,572명이 마녀로 판정받고 처형되었다는 기록이 있습니다.

(6) 종교 전쟁

인류사를 통해서 여러 가지 이름의 전쟁들이 결국 따지고 보면 종교 전쟁이라는 것이지요. 십자군 전쟁을 위시해서 청교도 전쟁, 100년 전쟁, 위그노 전쟁, 30년전쟁(1620~1648 신구교 전쟁) 등 모든 것이 하나님과 예수라는 이름 때문에 인간들이 흘린 피의 전쟁이었습니다.

(제 3기)

제 3기는 20 세기 이후 오늘날 이 지구 위에서 벌어지고 있는 전쟁을 의미합니다. 지금 중동에서 벌어지고 있는 이스라엘과 그 주변국들과의 전쟁으로 수많은 생명이 여호와 하나님과 예수라는 존재 때문에 2천년이 넘도록 피를 흘리고 있는 것을 우리가 목격하고 있습니다.

이처럼 여호와 하나님은 구약 시대 뿐 만 아니라 인류의 기나긴 역사를 통해서 쉬지 않고 인간 살육을 계속하고 있다는 사실을 깨달아야 하겠습니다. 그런 의미에서 구교든 신교든 교회에 나간다는 사실 자체가 인류에 대한 배신행위이며 하나님과의 공범이라고 해야 할 것입니다. 지금 저는 제 말씀을 그치려 하면서 저 하늘을 처다 봅니다. 아인슈타인에게 3차 대전이 있을 것인가 하고 기자들이 물은데 대해서 아인슈타인은 이렇게 답했습니다. 제 3차 대전이 있을는지는 모르나 만일 인간 세계에서 제 4차 대전이 일어난다면 그 때엔 인간들이 몽둥이와 몽둥이로 싸울 것이라고 답했습니다. 핵에 의한 3 차 대전은 전 인류의 멸망을 의미하는 것입니다. 주 여호와 하나님과 주 예수 그리스도는 전 세계 교회를 통해서 신도들이 바치는 공물과 지구 상 많은 지점에서 인간들이 흘리는 피를 마시면서 지금 이 순간 머리를 맞대고 제 3차 대전을 구상하고 있는지도 모를 일입니다.

두렵습니다.

장시간 경청해 주셔서 대단히 감사합니다.

부록 1

성경은 성악설(性惡說)의 원전(原典)이다.

모든 인간은 원죄가 있다 해서 갓 태어난 갓난아기에게도 죄인이라고 뒤집어씌운다, 이른바 낙인론, 한글 사전의 정의에 의하면 낙인이란 "다시 씻기 어려운 불명예스러운 판정이나 평가"라고 적고 있다. 천진난만한 갓난아기부터 이렇게 낙인을 찍는 것이 기독교다.

그런대도 저항조차 하지 말란 말인가! 우리 인간을 이렇게 만들어 놓은 하나님한테 좀 따져볼 필요가 있다.

성경사전『뉴성경사전; 로고스, 2011』에 의하면 원죄를 이렇게 정의하고 있다. "전 인류를 타락한 상태로 몰고 간 아담의 타락과 죄악을 일컫는다. (롬5;12~21) 아담이 불순종으로 죄를 범할 당시 그 뒤에 그의 몸에서 태어나서 인류를 이룰 모든 씨앗이 그 몸속에 있었으므로 온 인류는 아담의 일부분으로 아담과 더불어 범죄에 동참한 것이 된다. 인류는 아담의 후예이므로 그 원죄의 책임을 면할 수 없는데, 이 원죄는 개체가 태어난 이후에 스스로가 짓는 자범죄(自犯罪)와 대비된다."

이런 해석이야말로 울분을 참을 수 없게 만든다. 왜 전지전능하다는 하나님이 인간을 만들면서 따먹으면 그들 자신 뿐 아니라 향후 전 인류, 즉 하나님의 피조물은 몽땅 태어나는 순간부터 죄인으로 태어나게 만들었는가를 하나님한테 대들어 따져야 한다. 이대로 당하기에는 인류가 너무 억울하다.

쥐도 코너에 몰리면 고양이를 문다는데, 하물며 만물의 영장이라는 우리 인류가 이렇게도 억울한 누명을 뒤집어쓰고 태어나서도 우리를 만들었다는 그 창조주에게 한 마디도 따지지 않고 그냥 넘어가기엔 너무 억울하다.

옛날 조상들이야 워낙 미개해서 그러려니 하고 당해 왔지만 인지가 깰 대로 깬 21세기의 인간으로서 조상이 당해온 대로 그대로 누명을 뒤집어쓰고도 가만히 있다는 건 후손된 도리도 아니다. 이렇게 억울한 심정으로 성경, 특히 구약을 정신 똑바로 차리고 곰곰이 읽어보니 인간이 저질렀다는 죄는 눈곱의 티만도 못하고, 오히려 죄, 그것도 엄청난 큰 죄를 저지른 자는 바로 하나님 자신이란 것이 확연하게 들어난다.

구약 성경 구절 중 천여 군데서 구약의 저자들은 그 때 이미 하나님의 죄악상을 소상하게 기록해 놓고 있는데, 우리 후손들이 미련해서 구약 저자들이 하나님의 범죄 기록으로 적어 놓은 것을 엉뚱하게도 성경이라고 뒤집어 놓은 것이다.

성경은 거룩한 책이 아니라 하나님의 범죄 기록이라고 해야 옳다. 그런데 이와 같은 하나님의 범죄 기록을 성경이라고 주장한 예수는 하나님과 짜고 친 고스톱 공범이다. 이와 같은 인간의 누명을 벗기기 위해서라도 우리는 하나님의 범죄를 까밝혀서 구약 저자들의 노고를 가치 있게 하고 우리 인간들이 지금까지 일방적으로 당해온 억울한 누명을 벗어야 한다. 그런 취에서 <하나님의 범죄(CRIMES OF GOD)>를 책으로 묶어야 할 필요를 느끼게 된다.

모름지기 한글이 생겨난 이래 <하> <나> <님> <의> <범> <죄>라는 여섯 글자가 하나의 글귀로 쓰이는 것은 처음일 것이다. 영어가 생긴 이래로도 아마도 CRIMES OF GOD이라는 어구는 처음일거라고 생각하면서 인터넷을 검색해보니 William A. Schulz라는 신학자가 "IS GOD A CRIMINAL?"이라는 서너 쪽짜리 문장을 쓴 것이 전부인 것 같다.

  십계명의 제 3계명에서 나의 이름을 망령되이 일컫지 말라고 못을 박아 놓았기 때문에 하나님에 대해서는 의심하거나 더더욱 말로 불경스런 말만 해도 당장 벌 받는 걸로 알고 떨어오고 있기 때문에 감히 하나님의 범죄라는 엄청난 도전을 할 생각조차 못하고 지금까지 하나님은 우리를 만든 창조주이고 우리 인간들은 피조물이기 때문에 무조건 복종하고 경외해야할 뿐이라고 체념하고 순종해오고 있는 것이 사실이다.

인간은 역사 이래 계속해서 인지가 깨면서 <인권> <자유> <평등> <사랑> <평화>라는 절대가치에 눈을 뜨면서 인간의 본성을 회복해가고 있는 것이다.

오늘의 과학이 이 가치들을 뒷받침 하고 있다. 과학이 점점 더 발달하면서 위의 인간다운 가치는 점점 더 빛을 발하고, 역할을 하고 있다.

미신에 가까운, 아니 미신이라고 표현할 수밖에 없는 지금의 종교를 추종하는 사람들, 특히 개신교와 천주교의 미신적 신앙과 그것을 미끼로 밥 먹고 사는 목회자들의 거짓 인격도 이젠 더 이상 이 대명천지에서 그 가식을 지켜나기기 어려울 것으로 판단된다.

　지금은 광명의 시대이고, 모든 인간들이 저 우주에서 온 것처럼 정신이 말짱한 사람들이다.

　옛날 우화나 만화적인 설교 가지고는 현대인을 더 이상 바보처럼 이끌고 나갈 재주가 없어졌다. 사실상 1982년 『성혈과 성배』라는 책을 영국 BBC방송기자들 세 명이 십여 년간 집중 취재해서 예수가 십자가에서 죽지 않고 막달라 마리아와 프랑스로 피신해서 살았다는 사실을 밝혔다. 그 책에 의하면 지금도 프랑스 남쪽 "몽 카루두"라는 야산에 예수의 묘지와 묘비가 있고, 예수의 후손들이 프랑스 각지에 8대 종문을 형성해서 번성하고 있다고 한다. 이런 사실이 밝혀지고, 영국 대법원에서도 사실이라는 판결이 나고서 1982년도에 영국 개신교와 천주교 교인 80%가 그 해에 몽땅 개종하거나 무신론자로 돌아선 이래 기독교는 지금 이 순간도 계속 구미 각국에서 사라지고 있는데, 유독 한국에서만은 우물 속의 개구리처럼 옛 신앙을 지키고 있을 따름이다.

우리도 하루 속히 몽매에서 눈을 떠야한다. 예수와 여호와 하나님한테 더 이상 농락당하거나 속고 살아서도 안 된다.

이 지구의 자전, 공전 소리가 너무 크기 때문에 우리 인간들 귀에 들리지 않는다. 마찬가지로 여호와하나님의 범죄가 워낙 악랄하고 흉악하기 때문에 지금까지 우리 인간 조상들은 감히 여호와하나님의 범죄를 의식하지 못한 채로 지금에 이르렀다.

게다가 십계명의 제 3계명에서 네 하나님 여호와의 이름을 망령되이 일컫지 말라고 입을 딱 틀어막아 놓았기 때문에 나약한 인간들로서는 감히 그 위대한 하나님의 기분을 눈곱만큼이라도 잘못 건드렸다가 저주받을까 두려워 그에게 거슬리는 일은 전혀 상상도 못했던 것이다.

그러나 엄밀하고 냉철한 인간 지성과 양식을 가지고 구약 저자들이 구약에 기록해 놓은 여호와하나님의 행실을 분석, 검토해 보면 여호와하나님이야말로 정말로 엄청난 범인인 것이 틀림

없다.

　　세상에 인류가 생겨난 이래 그 여호와하나님처럼 악랄하고 흉악무도한 집단살인마는 없었다.
　　히틀러도, 스탈린도, 모택동도, 김일성도 그의 범죄 건수나 살상 방법에 감히 견주지 못할 정도이다. 하
　　나님이 대학원 정도의 살인마면 이들은 유치원생 수준도 안 된다. 세상에 이토록 끔찍하고 어마어마한 살인마를 잡고 나서, 이 자의 범죄에 대해서 세상에 고발하는 고발장을 가장 리얼하게 적어야겠다고 생각하니 두 어깨가 너무 무겁게 느껴진다.

이 고발장은 우선 이 자에게 당해서 억울하게 죽은 수 억조 선인들의 원혼을 위로할 수 있어야 하겠다. 또 그 유족된 우리 인간 후손들로 하여금 우리의 조상들이 이 자에게 어떻게 당했는지를 알게 해야 하겠고, 지금 살아있는 지구상의 인류로 하여금 이 자로부터 더 이상 당하지 않도록 경각심을 일깨워야 하는 등, 이 고소장의 역할이 막중한 만큼 어깨가 무겁다.

이 엄청난 것을 무딘 필력과 제한된 지식으로 문장을 착수하려니까 무척 망설여져서, 우선 기존의 하나님 고소장이나 이에 유사한 문헌들이 있는지를 인터넷 등 백방으로 탐색해 보았는데, 제 3계명에 의한 공갈이 두려워서인지 그리 많지 않은 것으로 나타난다.

　　가장 격식을 갖춘 고소장을 쓴 윌리암 슐츠(WILLIAM SCHULTZ)가 탐색하고 정리한 업적들이 한 너덧 가지가 있으나 책자로 된 것을 발견하지 못한 것으로 보인다. 그러고 보면 세종대왕이 한글을 만든 이래 <하> <나> <님> <의> <범> <죄>라는 한글 여섯 자로 『여호와하나님의 범죄』라는 제목 하에 책으로 엮는 것은 이것이 처음인 듯하다.

　　하기야, 구약은 성경이라기보다 하나님의 범죄를 기록한 자료집이고 기록물이며, 또한 구약 저자들이 작성한 하나님의 범죄에 대한 고소장이라고 해야 맞다. 또한 이 책자 전체가 저자의 고소장이긴 하지만 형법학상 체계를 갖춘 대표적인 <하나님 고소장>은 윌리암 슐츠(WILLIAM SCHULTZ)이 쓴 것인데 그것을 번역해보면 다음과 같다.(William Schultz의 고소장 요약)

여호와하나님 고소장(William Schultz)

슐쯔는 구약 속에서 창세기, 민수기, 레위기, 신명기, 여호수아, 사무엘 상 등 여섯 권 만 가지고 그 속에 기록된 하나님의 범죄를 기소하였다. 실은 구약 39권 중 한두 권만 빼고는 구약 거의 전부에 하나님의 잔학상과 범죄 기록이 가득한데 몰튼의 문서에서 다음 아홉 가지 범죄만을 이 기소장의 기초로 하고 있다.

(1) 땅 위에 사람 지으셨음을 한탄하사 마음에 근심하시고 가라사대, 내가 창조한 사람을 내가 지면에서 쓸어버리되 사람으

로부터 육축과 기는 것과 공중의 새까지 그리 하리니 이는 내가 그것을 지었음을 한탄함이니라(창7;4). 지금부터 7일이면 내가 40주야를 땅에 비를 내려 나의 지은 모든 생물을 지면에서 쓸어 버리리라.

(2) 여호와께서 불뱀들을 백성 중에 보내어 백성을 물게 하시므로 이스라엘 백성 중에 죽은 자가 많은지라(미 21;6).
너희가 돌아와서 여호와 앞에 통곡하나 여호와께서 너희의 소리를 듣지 아니 하시며 너희에게 귀를 기울이지 아니하셨으므로 여호와께서 손으로 그들을 치사 필경은 다 멸절되었느니라.

한편 신명기(2:33~36)에서 보면 우리 하나님 여호와께서 그를 우리에게 붙이시매 우리가 그 아들들과 그 모든 백성을 쳤고, 그 때에 우리가 그 모든 성읍을 취하고 그 각 성읍을 그 남녀와 유아와 함께 하나도 남기지 않고 진멸하였고..

(3) 여호와께서 이스라엘에 진노하시니라. 여호와께서 모세에게 이르시되, 백성의 두령들을 잡아 태양을 향하여 여호와 앞에 목매어 달라. 모세가 이스라엘 사사들에게 이르되, 너희는 각기 관할하는 자 중에 바알브올에게 부속한 사람들을 죽이라. 하나님께서 염병을 퍼뜨리니 그 염병으로 죽은 자가 2만 4천명이

더라(민25;9).

그러므로 아이들 중에 남자는 다 죽이고, 남자와 동침하여 사내를 안 여자는 다 죽이고, 남자와 동침하지 아니하여 사내를 알지 못하는 여자들은 다 너희를 위하여 살려 둘 것이니라.

(4) 네 하나님 여호와께서 또 왕벌을 그들 중에 보내어 그들의 남은 자와 너를 피하여 숨은 자들을 멸하시리니, 하나님께서 유대 백성에게 명하시기를 내가 너희에게 붙인 땅의 모든 주민을 동정하지 말고 모두 죽이라. 남자는 모두 죽이고, 곱살한 여인이나 어린애는 포로로 하라.(신7;20)

(5) 여호와께서 유대 백성에게 이르시기를 여리고성에서 코로 숨 쉬는 자는 모두 죽이되 남자나 여자나 나귀나 양이나 모든 짐승을 죽이라(여호수아6장).

(6) "아이"의 모든 거민을 들에서 죽이되 그들을 다 칼날에 엎드리게 하여 진멸하기를 마치고, 또 이스라엘이 아이로 돌아와서 칼날로 죽이매, 그날 아이사람의 전부가 죽었으니 남녀가 일만 이천이라(여8;24~25).

(7) 그들이 이스라엘 앞에서 도망하여 벧호론의 비탈에서 내

려갈 때에 여호와께서 하늘에서 큰 덩이 우박을 아세가에 이르기까지 내리우시매 그들이 죽었으니, 이스라엘 자손의 칼에 죽은 자보다 우박에 죽은 자가 더욱 많았더라(여10;11). 여호수아와 이스라엘 자손들이 그들을 크게 도륙하여 거의 진멸시켰고, 그 왕들을 여호수아에게로 끌어내어 여호수아가 군장들에게 이르되 가까이 와서 이 왕들의 목을 발로 밟으라(24), 그 왕들을 다 쳐서 다섯 나무에 매어달고 석양까지 나무에 달린 대로 두어 죽이고(26), 막게다를 취하고 칼알로 그 성읍과 왕을 쳐서 그 성읍과 그 중에 있는 모든 사람을 진멸하여 한 사람도 남기지 아니하였으니 그 왕에게 행한 것이 여리고 왕에게 행한 것과 일반이었더라(30). 여호와께서 또 라스기를 이스라엘의 손에 붙여 진멸하고(30), 호란과 에글론의 사람들을 진멸하고, 이와 같이 여호수아가 온 땅, 곧 산지와 남방과 평지와 경사지와 그 모든 왕을 쳐서 하나도 남기지 아니하고 무릇 호흡이 있는 자는 진멸하였으니, 이스라엘의 하나님 여호와의 명하신 것과 같더라.

(8) 여호와께서 이르시되 그들을 몰살시키리니 그들의 말 뒷발의 힘줄을 끊고 불로 그 병기를 사르라(여11;6). 한 사람도 남기지 않고 쳐 죽이고, 그 가운데 모든 사람을 칼날로 쳐서 진멸하여, 호흡이 있는 자는 하나도 남기지 아니하였고(12), 모든 성

읍과 그 모든 왕을 취하여 칼날로 쳐서 진멸하여, 여호와의 종 모세의 명한 것과 같게 하였으며(14)..

(9)지금 가서 아말렉을 쳐서 그들의 모든 소유를 남기지 말고 진멸하되, 남녀와 소아와 젖먹는 아이와 우양과 약대와 나귀를 죽이라하셨나이다(사무엘사15;9). 그러나 사울이 진멸하기를 즐겨 아니하고 가치 없고 낮은 것만 진멸한 데 대하여, 여호와께서 아말렉 사람들을 진멸하되 다 없어질 때까지 치라 하셨거늘, 여호와의 목소리를 청종치 아니하여 사울이 하나님의 저주를 받음(19).

슐쯔 교수는 이상과 같이 여호와하나님의 범죄 사실을 제시하고, 1950년 뉘렌버그(Nurenberg) 법정에서 채택한 국제법 중 다음의 일곱 가지 원칙에 따라 하나님을 재단해야한다고 주장하고 있다. 그가 제시한 일곱 가지 원칙은 다음과 같다.

원칙 1: 국제법에 따라 범죄로 지적되는 행실을 한 자는 누구든지 책임을 면할 수 없으며, 따라서 상응하는 처벌을 받아야 한다.

원칙 2: 국제법에 저촉되는 범죄 행위를 저지른 자에 대해서 비록 처벌을 가하지 않았다 하더라도 그런 행위를 자행한 자는 국제법으로 부터의 의무로부터 자유로울 수 없다.

　원칙 3; 국제법에 저촉되는 범죄 행위를 저지른 자는 그가 정부의 수반이나 책임 있는 자리에 있는 정부 공무원은 이 국제법에 따른 책임을 면할 수 없다.

　원칙 4: 정부나 또는 상급자의 명령에 따라 국제법에 저촉되는 행위를 한 자는 자기 자신의 도덕적 책임을 면할 수 없다.

원칙 5: 누구든지 국제법에 따른 범죄를 저지른 자는 법에 따라 공정한 재판을 받을 권리가 있다.

원칙 6: 하기에 나열하는 행위를 한 자는 국제법에 따라 처벌을 받는다.
(a) 평화에 대한 범죄:
① 전쟁 발발의 계획이나 준비 또는 실행하는 행위, 또는 국제협약을 위반하는 전쟁 행위
② 상기 1조에 명시된 행위에 참여한 자나 행위를 수행한 자
(b) 전쟁 범죄:

① 전쟁의 법규나 관행을 위반한 살인 행위나 가해 행위 또는 점령지의 일반 시민을 상대로 한 강제노동행위, 전쟁포로나 해상에서의 살상 행위나 가해 행위. 공적 및 사적 재산의 탈취행위나 군사 작전 상외의 난폭한 파괴 행위, 등등

(c) 인간성에 대한 범죄:

① 민간인에 대한 살인, 대량 학살, 강제 노역이나 강제 이동; 또는 정치적, 인종적, 종교적 이유로 박해하는 행위와 상기 전쟁이나 평화에 대한 범죄행위와 연관해서 박해하는 행위 등등

원칙 7: 평화에 대한 범죄, 전쟁 범죄, 인간성에 대한 범죄 등

행위의 모든 공범자들도 국제법에 따라 처벌된다.

슐쯔는 또한 <무신론자를 위한 도덕 논쟁>이라는 글에서 브레들리(BRADLEY) 교수가 제시한 다음의 다섯 가지 객관적인 도덕적 가치의 기준을 소개하고 있다.

P1. 죄명을 적시하지 않고 순진한 어른이나 여성이나 천진난만한 어린이들을 무자비하게 대량 학살하는 행위는 도덕적으로 잘못이다.

P2. 성적 노예로 쓰기 위해서 젊은 여성들을 군인들에게 제공하는 것은 도덕적으로 옳지 않다.

P3. 백성들로 하여금 자기 식구나 친구를 잡아먹도록 명하는

것은 도덕적으로 옳지 않다.

P4. 인간들을 불에 태우거나 그와 유사한 방법으로 살해하는 것은 부도덕하다.

P5. 신앙 문제로 인간을 한 없이 괴롭히는 것은 부도덕하다.

브래들리(BRADLEY) 교수는 대부분의 사람들이 동의할 수밖에 없는 상기 다섯 가지 도덕적 기준을 합리적 도덕적 기준으로 제시할 뿐 아니라, 성경 속에 분명히 이들 기준을 위반하는 행위들을 하나님이 위협하거나 명령한 사실을 지적하고 있다. 이와 같은 지적들은 본인의 접근과 매우 유사하며, 현재 우리들이 모두가 인정하는 보편적 금지사항을 하나님이 유태인들에게 지시하고 있다.

다른 말로 말하자면 만일 오늘날의 유태인들이 성경 속에 분명하게 적혀 있는 것처럼 하나님의 명령을 좇아 오늘날의 이스라엘 백성과 주변국 사람들을 대량 학살하고 재산을 노략질한다면 아무리 하나님의 명령에 따른 행동이라 할지라도 오늘날의 인간들은 모두 한 목소리로 그들의 행동이 부도덕하고 불법이라고 선언할 것이 분명하다.

이것이야말로 모든 신자들로 하여금 하나님에 대한 도덕적 논쟁을 불러 오게 하는 함정이 아닐 수 없다. 만일 하나님이 오늘

날 똑같은 행실을 명한다면 우리들은 모두 하나님을 도덕적으로 비난할 수밖에 없지 않으냐 말이다. 만일 하나님을 믿는 사람들이 우리처럼 하나님을 비난하는 일을 회피한다면 그들이야말로 분명히 나치운동의 동조자들과 다를 바가 없는 것이다.

그렇다면 누가 성경을 진리라 하고, 하나님의 명령이 옳다고 주장할 수 있겠는가.

이것이 바로 내가 이 논고에서 추구하는 궁극적인 질문인 것이다. 그런데도 불구하고 그와 같은 하나님을 계속해서 지지할 것이냐? 아니면 그의 경멸스런 역사적 사실과 관련하여 하나님을 비난할 것이냐 하는 것이다. 그러므로 어떤 경우에도 1950년에 채택된 뉘렌버그 국제 헌장에 비추어 볼 때, 나의 주장은 브래들리 교수의 주장과 일치한다고 보아야 할 것이다.

재판

 모든 법정은 오늘의 이 재판의 원인에 대해서 먼저 검토하는 것이 마땅하다. 이 재판 결과에서 도출될 하나님의 인도주의에 대한 법적 재단의 결과에 대해서 모든 종교인들은 그들의 신에 대한 도덕적 판결 결과에 대해서 불복종 할 것이기 때문에 이 사안은 매우 심각성을 띠고 있다.
 이 사건은 결국 모든 도덕성에 대한 정의나 명령은 오직 하나님이 자의로 정하는 것이냐, 아니면 도덕성에 대한 정의는 하나님의 명령과 독선에서 벗어나야 하느냐 하는 명제인 것이다.

즉 하나님의 행위를 어떤 기준에서 판단할 것이냐 하는 것은 지난 25세기 동안 논의되어 왔으며, 나는 이 논지에서 모든 도덕성은 그 어떤 신이든.

특히 유대교-기독교의 하나님으로부터 자유로이 객관적 관점의 도덕성이라는 기준에 따라 그 하나님의 행위를 재판하려는 것이다.

나는 먼저 <유디프로(EURHYPHRO)의 디레마>라는 고전적 사건을 검토하는 바탕에서 과연 하나님이라는 존재에 대해서도 그 도덕성에 대한 재판이 타당하냐 하는 점부터 분석할 것이다. 이 사건의 연역적 추리(삼단논법)는 다음과 같다.

P1; 하나님이 존재하느냐 않느냐 하는 점이다.

P2; 만일 하나님이 존재하지 않는다면 그의 행위가 도덕적이냐 하는 물음은 의미가 없다.

P3; 만일 하나님이 존재한다면 그의 명령들은 도덕적이라 할 수 없다.

C; 그런고로 하나님의 모든 명령은 도덕적일 수 없다.

상기 중 P1 은 분석적일 뿐 논의 대상이 되지 않는다. 단지 신이 있다고 볼 것이냐 없다고 볼 것이냐를 정할 따름이지, 여기서 신이 존재 한다, 안 한다를 놓고 논쟁을 벌일 일이 아니다. P2는 자명한 명제이며, P1, P2, P3는 모두 옳은 전제이며, 따라서 결론은 저절로 내려지게 된다. 다시 말하면 이 삼단 논법의 합리성에는 하자가 없다. 이처럼 신자들은 하나님의 도덕적 권위를 지키기 위해서는 P3를 거부해야 한다.

그러나 신자들의 P3에 대한 부정이 합리적이냐 하는 점은 검토의 대상이다. 여기서 플라토(PLATO)는 P3을 다음과 같이 방어한다.

(a) 무엇이 도덕이냐 하는 것은 하나님이 명령하는 것이다.

(b) 만일 그렇다면

① 무엇이 도덕적이야 하는 것은 하나님이 명하는 것이기 때문에 하나님의 행위는 모두 도덕적이다.

   ② 하나님은 자기가 생각하는 것은 모두 도덕적이라고 생각하기 때문에 도덕을 자기 식대로 명령하는 것이다.

   (c) 만일 ①의 입장에서 보면 실제 도덕이란 하나님과 결부될 수없는 것이고

   (d) 만일 ②의 경우라면 하나님이 명하는 것은 무엇이나 도덕적이다.

   (e) 하나님이 명하는 것은 무엇이나 도덕적이라는 것은 말이 되지 않는다. (이 논지에서도 지적하고 있는 바와 같이 그의 하

나님은 극악무도한 짓을 명하고 있는 것이 사실 아닌가)

(f) 그런고로,, (b②)

(g) 무엇이 도덕적이냐 하는 것은 하나님과는 별개의 명제이며, 하나님의 명은 도덕적일 수 없다.

(h) 그런고로, 하나님이 존재한다면 그의 명령은 부도덕한 것이다.

다시 한 번 함정에 빠져있는 신자들은 위의 확실한 삼단 논리도 부정하도록 강요당하고 있다. 이런 의미에서 저 신자들은 상기 제 5항을 부정할 수밖에 없으며 하나님의 명령은 무엇이나 도덕적이라고 주장할 수밖에 없다. 신자들이 이런 주장을 계속 하는 이상 그들은 하나님이 그 어떤 악랄한 행위를 하더라도 그는 옳다고 고집을 부리는 것이다.(심지어 하나님의 선민 유태인들은 그 천진난만한 어린이들을 집단 학살한 것까지고 하나님이 한 행위이기 때문에 도덕적이라는 것이다).

그러나 대부분의 신자들은 대놓고 이런 주장을 할 정도로 대담하지는 않다.

이런 태도와 관련해서 윌리암 레인 크래그(WILLIAM LAINE CRAIG)는 다음과 같은 딜레마를 거들고 있다. 객관적 도덕적 가치에 관한 한 워싱톤 박사는 유디프로 딜레마를 제안하고 있다. 즉, 선한 것은 하나님의 의지이며, 또한 하나님의 의지는 선하다는, 뒤집어 말하는 논법의 딜레마를 지적하고 있는데, 이것은 허위라고 나는 주장한다.

그의 논리는 그 딜레마의 뿔을 둘로 잘라서 선하심은 곧 하나님의 본성이고, 따라서 하나님의 명령은 선할 수밖에 없다는 논법이다. 하나님은 정의로운 분이라서 우리들에게도 정의로운 것을 명할 따름이라는 것이다.

첫째, 크래그가 "정의"라는 개념을 들이대면서 하나님을 옹호함으로써 본질을 혼돈케 하고 있다. 그

가 도덕이라는 말 대신에 정의(正義)라는 말로 대체한다고 본

질이 바뀌는 것은 아니다. 크래그의 주장대로라면 하나님은 도덕적이고 정의롭기 때문에 그가 명하는 것을 따르는 것이 인간의 의무라면 인종 청소를 위한 대학살도 우리가 감행해야 옳다는 말인가?

사실상 성경이 증거하는 바에 의하면 그와 같은 하나님의 명령을 불순종한 인간들에 분노해서 그들을 처벌하였다는 기록이 있는 것이다.

크래그와 같은 신자들은 아마도 그와 같은 명령은 수천 년 전에나 있었지 현대인에게는 그런 명령을 내리지 않을 것이기 때문에 지금 그 옛날 얘기는 할 필요가 없다고 주장할 것이다.

그렇더라도 성경에 분명히 인종 청소를 위한 집단 학살과 그 순진한 어린이들을 전수 학살한 기록을 우리가 지금이라고 외면할 수는 없지 않은가.

또 어떤 신자는 무엇보다 하나님이 인간을 창조했기 때문에 하나님은 우리 인간들에 대해서 어떤 처분도 마음대로 행할 수 있는 권한이 있다고 주장할 것이다. 그러나 20세기 인류의 역사에서 하나님의 권능이면 어떤 일을 해도 옳다는 주장은 받아드릴 수없는 것이다.

그리고 현실적으로 하나님의 명령이라고 부도덕한 명령도 순종하는 행실이 있다면 매우 두려운 일이 아닐 수 없다. 그런 사람들은 히틀러와 뭐가 다른가. 현실적으로 하나님의 명령이라고 전쟁을 치루면서 인종 학살을 감행하고 어린이들까지도 무참히 학살하는 일이 우리 주변에서 실제로 벌어지고 있지 않은가.

우리들은 너무 오랫동안 신자들로 하여금 집단 학살을 감행한 하나님을 심판하지 않고 내버려 둔 것을 허용해 온 셈이다.

가령 어느 개인적 지도자나 집단이 이런 행위를 했다면 우리는 그들을 심판하지 않을 수 없는 것처럼, 분명히 학살을 자행한 하나님을 재판에 회부하는 것이 당연한 것 아니겠는가.

그를 재판에서 면제할 이유가 없는 것이다.

자, 여기서 신자들의 진짜 입장은 무엇일까? 저들은 아직도 하나님의 명령은 그 어떤 것이든 극악무도할 수가 없다면서 상기 제 5항을 아직까지도 거부할 것을 강요당하고 있다. 그러나 그들은 어떤 근거에서 그 부정을 주장하며 하나님의 극악무도함을 방어하려고 하는 것일까. 그 근거는 다음 두 가지 중 하나일 것이다.

① 크래그가 주장하는 것인데, 오늘 우리에게 부도덕한 것으로 보이는 하나님의 모든 행위는 자기를 방어하기 위해서 정의의 집행을 명했을 따름이다. 그렇다면 도대체 하나님에 대한 어

떤 공격을 방지하기 위해서 그토록 잔인무도한 명령을 내렸단 말인가? 그 궤변이 인류를 위한 정의가 될 수 있단 말인가?

② 이런 논리가 아니라면 혹시 앞에서 제시한 원칙들에서 지적한 하나님의 행위들을 부도덕하다고 하는 것은 우리 인간들이 하나님의 도덕과 정의를 잘못 해석한 탓일까? 그렇다면 도대체 인간들의 해석이 어떤 점이 잘못 된 해석이라는 것인지? 하나님의 도덕을 상위 개념의 도덕적 기준이라고 한다면 하나님의 명령은 무엇이나 복종해야 하는가? 그 원칙은 무엇인가? 만일 그 원칙이 하나님의 명령은 무조건 복종해야한다는 것이란 다면 신

자들은 하나님에 대한 판단도 부정한다는 것이냐? 만일 그렇다면 신자들의 입장은 도덕성이란 하나님과 별개의 가치라는 명제와는 배치되게 된다.

<무신론자들을 위한 도덕논쟁>이라는 글에서 브래들리(BRADLEY) 교수가 이와 유사한 신자들의 네 가지 딜레마를 제시하고 있다.

(1) 하나님에 관한 한 그가 어떤 행위를 하든, 어떠한 원인을 제공하든, 어떤 명령을 하든, 어떤 눈감아 준 행위도 모두 도덕적

으로 받아드릴 수 있다.

(2) 성경 속에는 하나님이 행한 일, 원인을 제공한 일, 명령한 일 등 하나님의 행위들이 많이 기록되어 있다.

(3) 그 누구도 오늘날 우리들의 도덕적 원칙을 위배한 어떤 행위나 원인 제공이나 명령이나 눈감아주는 행위들을 우리는 허용할 수 없다.

(4) 성경은 하나님이 우리들의 도덕적 기준에 위배되는 행위

와 원인 제공과 명령과 눈감아 준 행위들을 우리들에게 증언하고 있다.

요컨대, 이상 네 가지 경우가 다 함께 존립할 수 없으며, 그 중 어느 한 가지를 지지하면 다른 세 조건은 상치되게 된다.

다시금 하는 얘긴데 신자들은 상기 중 (3)이나 (4) 또는 둘 다 거부할 것이고, 그럼으로써 인류의 도덕적 기준을 2백 내지 4백년 뒤로 물리게 되는 것이다. 하나님이 이웃 민족들을 멸절하고, 또 하나님의 명령을 따라 그런 대량학살 행위를 실행한다면 이것이야말로 인류의 도덕적 기준을 구약의 청동기 시대로 되돌리는 것이 아닌가. 다시 한 번 묻는데 신자들이 상기 (3)항과 (4)항을 부인하는 것이 과연 합리적이라고 생각하는가? 이것은 앞에서 플라토가 신자들에게 지적한 바와 일치하는 질문이다. 오직 하나님만 아는 상위 개념의 도덕적 원칙에 따라 오늘 날의 인간들이 신의 명령에 따라 대량학살을 감행한다면 도대체 그 상위 개념의 도덕적 원칙이란 어떤 것이란 말이냐? 한편으로 그런 원칙이 있다면 자연히 그 원칙은 하나님과 관계가 없는 것이란 말이냐 하는 질문을 던지게 된다. 바로 이 점이 이 논고의 핵심적 쟁점이기도 하다. 다른 한편, 크래그(CRAIG)가 논의하였듯이 그 하나님과 또 그가 말하는 상위 개념의 도덕적 원칙이란 것이 도대체 무엇인지 우리는 알지 못하고 있을 뿐만 아니라, 하나님이 우리 대부분 인간들에게는 직접 가르쳐 주지 않았고 또 앞으로도 그런 보장도 없는 상황에서 우리들은 다만 본능적 도덕관만을 가지고 있을 따름인데, 그 본능에 의한 도덕적 기준이란 무시할 수밖에 없는 것이다. (객관적일 수 없지 않은가.) 하나님의 명령이라는 것이 우리의 인간성이라는 관점과는 어긋나는 것이다. 다음에서 자세히 검토해 보도록 하자.

신자들이 주장하는 바에 의하면 상위 개념의 도덕적 원칙은 현재도 작동하고 있기 때문에 그것이 아무리 잔인무도하더라도 하나님의 명령이면 준수해야한다는 것이며, 하나님 자신이 도덕적이기 때문에 그가 하는 것은 무엇이나 도덕적이라는 것이다. 플라톤의 지적과는 상반 되는 주장이다.

다른 주장을 보면 플라톤의 지적과 동일한 것으로 하나님의 명령은 인위적인 것이라는 주장인데 신자들은 이를 부정하는 것이다. 플라톤의 관점은 도덕이란 하나님과 무관한 것이란 점이다.

기독교 신자들은 현대 인간의 도덕성은 성경에서 얘기했던 그런 도덕성에서 크게 진화했다는 한다. 현대 인류는 구약의 기독교인들이 생각했던 것 보다 훨씬 진화한 이상론을 가지고 있다. 현대인의 이상은 도덕적 권위의 기반에서 하나님이나 그의 요구를 제거하고 있고, 성경의 도덕성을 훨씬 뛰어 넘고 있다.

하나님에 대한 기소장에서 언급했듯이 현대의 모든 원칙의 평범한 사실은 모든 인간은 그들의 정부를 통해서 그 어떤 종교적 신념이나 인종, 윤리, 사회적 소속에 관계없이 모든 인간이 동등하다는 이상에 동의하고 있으며, 하나님의 명령에 따랐던, 어쨌든 인간의 모든 행위는 같은 원칙에 의해서 판단된다. 앞에서 제시한 원칙 4가 이를 분명히 하고 있다: 즉, 한 인간이 그의 정부나 혹은 상급자의 명에 의해서 한 행동일자라도 국제법으로부터 자유로울 수 없다.

신자들은 그들의 하나님이 우월하다고 믿는다. 그렇더라도 어느 소수집단에 속한 자가 그들 자신의 신의 명에 의한 것이라도 큰 틀에서의 도덕적 기준에 맞지 않으면 처벌된다. 미국에서는 그 어떤 신앙이라도 형법을 어기는 행위는 인정하지 않는다. 부칙 1조에도 불구하고, 미국의 모든 사람은 예외 없이 형법에 저촉되는 행위는 형을 면제 받을 수 없다. 미국 안의 모든 인간들은 하나님의 명령도 우리의 법률이 인정하는 윤리의 기준을 벗어날 수 없다. 미국은 한 가지 사실을 하나님 위에 올려놓고 있다. 즉, 인간은 도덕적 책임을 벗어나기 위해 하나님을 이용할 수 없다는 사실이다.

브래들리(BRADLEY)교수는 다음과 같은 질문을 하고 있다. 즉, 만일 오늘날의 신자들은 옛날 하나님이 명령한 것과 같이 다음과 같은 명령을 내린다면 그대로 실행할 것인가? "지금 가서 아말렉을 쳐서 그들의 모든 소유를 남기지 말고 진멸하되, 남녀와 소아와 젖 먹는 아이와 우양과 약대와 나귀를 죽이라 하셨나이다."(사무엘 상 15장3절)

이제 여기서 다음 세 가지 질문에 스스로 답해보라.

(1) 만일 당신이 숭배하는 하나님이 위와 같은 명령을 지금 내리신다면 당신은 하나님의 말씀대로 남녀와 소아와 젖 먹는 아이와 우양과 약대와 나귀를 다 죽일 것인가?

(2) 당신의 하나님이 지금 우리 시대에 그와 동일한 명령을 내릴 수 있다고 생각할 수 있는가?

(3) 만일 당신이 모시는 그 하나님이 위와 같은 명령을 당신에게 내렸다고 믿어지면 그 명령에 순종하겠는가?

만일 당신이 상기 질문 (1)에 대해서 "아니요."라 했다면 당신은 소위 하나님의 말씀인 성경의 권위를 부정하는 것이다. 만일 당신이 상기 질문 (2)에서 "아니요."라 했다면 당신은 당신의 하나님이 자기 명령 방식을 변화시켰다고 생각하기 때문일 것이다. 만일 당신이 질문 (3)에 "아니요."라 했다면 당신은 틀림없이 하나님의 명령엔 복종하지 말아야한다고 생각하기 때문일 것이다. 따라서 당신은 도덕적 진실은 하나님과 상관없고 경우에 따라서는 하나님과 불일치할 수도 있다고 생각할 것이다. 당신은 대부분의 철학자들이 주장하듯이 윤리란 자발적인 것이고, 우리 스스로의 도덕적 판단에 따라야 한다는 생각을 기진 것이다.

 만일 당신이 상기 질문에 대해서 모두 "예!"라 했다면 성경 속의 하나님을 믿는 것은 잘못은 아니지만 도덕적으로는 굴종하는 편이라 해야 옳다. 뉴질랜드 장로교 목사를 그만 둔 내 친구 존 패트릭(JOHN PATRICK)은 많은 동료 목사들이 이들 세 질문에 모두 "예!"라고 답한 것을 보고 충격을 느꼈으며, 원천적으로 착하고, 사려 깊고, 서로를 사랑할 수 있는 인간들을 저들이 숭배하는 하나님의 말씀에 따라 잔인무도한 집단의 일원으로 만

드는 것을 느꼈다고 패트릭은 실토하고 있다.

많은 신자들은 예수의 정열이 예전에 인간을 묶어 놓았던 도덕률을 바꾸어 놓았다는 이유로 이와 같은 딜레마에 빠지면 상기 (2)항을 거부하려고 할 것이다.이것은 구약과 현대 보편적 도덕관과의 사이에 괴리가 있다는 이야기가 된다. 구약에서 하나님이 인간에게 한 약속은 시간적으로 짧았고, 두 번이나 변했다면 왜 다시금 그의 도덕적 기준을 바꾸지 않는가. 신자들의 입장에서는 3천 년 전과 지난 2세기 동안의 도덕률 간의 차이에 직면하고 있다.

이상의 명제들을 마음에 두고 이제 우리들은 이 논고의 과제를 고려할 차례가 되었다. 하나님이 인간의 도덕적 재판의 대상이 되는가? 분명히 하나님의 명령에 따라 그같이 행동했다고 주장하는 자들을 우리의 대원칙에 따라 저들을 재단하는 것을 망설일 필요가 없다. 이처럼 만일 이스라엘이 하나님의 명령에 따라서 팔레스타인 백성을 멸절한다고 한다면 이 세상은 들고 일어나 한목소리로 도덕적 분노를 터뜨리고 그런 목적으로 행한 모든 절차를 비난하게 될 것이다. 그렇다면 오늘날 팔레스타인 백성을 소탕하는 행위와 옛날에 가나안 백성, 바샨 백성, 헤쉬본 백성, 메디안 백성 등등 구약 속에 있는 모든 전쟁에서 인간을 학살한 행위와는 어떤 차이가 있는가. 예컨대 오늘날 이스라엘이 국경 지대의 모든 팔레스타인 백성을 대량 학살한 것이 오늘날의 윤리와 배반 된다면 3천 년 전에 행한 행위는 도덕적이었단 말인가. 이런 논리란 다면 우리들은 그 어떤 전범도 뉘렌버그 재판에 고소할 수 없단 말인가. 여기서 우리는 하나님에 대한 신앙과 성경 속에 문자화 되어있는 진리라는 두 가지 신앙을 지키기 위해서 위에 전제한 그 대원칙들을 포기해야 하는가. 나는 도덕률은 하나님과 무관한 것이고, 따라서 하나님의 명령에 따른 것이든 무엇이든 인류 도덕에 위배되는 행위는 고소의 대상이라고 믿는다.

원칙 3은 이렇게 서술하고 있다. 국제법에 위반한 범인은 그가 정부수반이든 또는 정부의 고위관리라 할지라도 국제법으로부터 자유로울 수 없다. 만일 하나님이 정부수반의 상급자라 할지라도 이 원칙에 따라 그를 재판할 수 있다. 모세, 여호수아, 그 밖의 고대 이스라엘의 지도자들이 하나님의 명령에 따라서 그와 같은 범행을 저질렀다면 하나님도 고소의 대상이 되는 것이다.

여호와하나님에 대한 판결

위에 내가 열거한 구약의 인간들, 즉 모세, 여호수아 등이 이미 죽은 지가 오래 되었다. 따라서 여기서는 오직 하나님에 대한 판결이 남아있을 따름이다. 전술한 논고가 받아드려진다면 궁극적 판결에 대해서 어떤 의심도 있을 수 없다. 뉘렌버그의 기억들은 아직도 생생하게 살아 있기 때문에 그러한 의혹은 존재할 수가 없다. 유태인들에게 명령해서 엄청난 집단학살을 자행한 범죄들이 상술한 원칙들에 저촉되고 있는 것이 사실이다. 이 대원칙들에 의하면 하나님은 평화와 전쟁범죄와 인간성에 대한 범죄를 범한 것이 명백하다.

    하나님은 노아 홍수에 의한 집단학살 후에 "내가 다시는 사람으로 인하여 땅을 저주하지 아니 하리니, 이는 사람의 마음의 계획하는 바가 어려서부터 악함이라. 내가 전에 행한 것 같이 모든 생물을 멸하지 아니하리니(창 8장21절)"라고 한 그의 불공격 언약을 위반하고, 그 후에도 많은 민족을 멸하였다. 그 후로도 하나님은 수많은 전쟁을 일으켜서 평화를 깨는 범죄를 저질렀고, 그는 유태인 군사들을 동원해서 평화스럽게 살 수 있는 주변국 인간들을 살상하는 범죄를 저질렀다.

하나님은 비무장 상태의 유대의 주변국 백성들을 살상하고, 그 백성들을 노예로 잡아다 부리고, 전쟁 포로들을 죽이거나 학대하고, 공사간의 재물을 약탈하고, 전쟁 목적과는 무관하게 모든 도시와 성읍과 마을들을 황폐화하도록 명령한 전범자이다.

하나님은 인간성에 대한 범죄를 저질렀다. 그는 한 민족을 남김없이 집단 학살하고, 처녀들을 잡아다 노예로 만들고, 문명한 인간들을 향해서 비인간적 잔인한 행위를 하도록 하고, 평화에 반하는 상기의 모든 행위들 하도록 명하였고, 전쟁 범죄를 저질렀다.

 구약 성경의 하나님은 짐승이다. 수천 년 전 인간의 도덕성을 짐승 상태로 반영하고 있다. 하나님은 대부분의 현대 국가들이 공통으로 동의한 현대적 도덕의 기준들을 범하였다.

 우리들 무신론자들의 입장에서는 하나님은 존재하지 않는다고 보기 때문에 사실상 이 재판은 피고가 출석하지 않은 상태애서 재판 하는 것이다. 신자들은 이런 주장을 사탄의 논리라고 인정해 오고 있다. 신자들은 하나님에 대한 이 단순한 도덕적 논란으로부터 도피할 하등의 변명의 여지가 없다. <악마의 논쟁>(Arguement from Evil)에 비하면 이 논고는 매우 간단하기 때문에 더욱 강렬한 것이다.

부록 Ⅱ

사도신경은 미신 중의 미신이다.

교회에 가면 예배 시작과 더불어 눈 감으라고 하고 사도신경을 큰 소리로 다함께 소리 지르게 한다. 그러나 양심적으로 고백해보자! 사실 사도신경은 21세기의 문명을 정면으로 조롱하며, 현대인을 바보로 만들고 있다.

만일 성경을 손질한다면 맨 먼저 이것부터 지워버려야 할 정도로 미신으로 꽉차있다.

사도신경은 한 글자 한 글자가 몽땅 허구와 어거지로 문장을 만들어 놓았다. 그 어휘들을 현대 문명과 관련 서적과 증언들에

비추어서 까뒤집고 분석해볼 필요가 있다.

(1) <전능하사>

하나님을 전능한 존재로 전제하고 있는데, 어떤 면에서 전능한지는 적시하지 않고 있다. 모든 면에서 전능하다면 그 어린 아담과 이브를 만들고 따먹으면 정녕 죽을 선악과라는 나무를 그들 코앞에다 세운 것은 결코 전능하다 할 수는 없다. 오히려 미련하다든가 간악하다고 표현하는 것이 맞다. 어리석은 인간들도 어린 자식들 앞에 위험물을 놓지 않는데, 어찌 전능하다는 하나님이 그런 짓을 했을까. 또 전능하다면 인간들이 몽땅 죄의 천지를 만들어 인간들 뿐 아니라 모든 생명을 땅 위에서 싹쓸이 한 노아 홍수의 범죄 세계가 벌어지지 않도록 천지를 창조했어야 하는 것 아닌가! 성경 신구약을 자세히 읽어보면 하나님은 일을 저질러 놓고 뒤늦게 한탄하고 분하게 여겨 인류와 지상의 생명들을 진멸한 사건이 성경 전체에 꽉 차게 기록 되어 있다. 그런 하나님이 전능하다는 평을 받을 수 있는가?

(2) <천지를 만드신 하나님>
이 표현도 창세기와 그 외 몇 군데서 그렇게 주장하고 있을 따름이지, 오늘날의 고도로 발달한 과학적 검증과 이론에 따르면 그런 주장은 신화의 한 토막일 따름이다. 그리고 성경, 특히 구약의 23,143구절을 몽땅 한 글자, 한 글자 분석적으로 읽어 보면 하나님은 구약 천여 구절에서 주장하고 있듯이 오로지 "내 백성, 이스라엘 백성"에 대해서만 축복하고 증오하고 진멸하고 어린 아이들까지 집단 학살하고 신경을 썼지 다른 대륙의 인간들이나 어린이들을 학살했다거나 축복했다는 표현은 단 한 구절도 없다. 성경대로라면 하나님의 머리와 가슴에는 오로지 이스라엘뿐이지, 지구상 다른 나라 다른 대륙에 대해서 어쩌고저쩌고 했다는 말이 한 마디도 없다.

 구약에 적시하고 있듯이 하나님은 아브라함의 하나님이요,

야곱의 하나님이며, 이삭의 하나님일 뿐이다. 성경 속의 하나님은 이 지구 창조와는 아무 상관도 없다는 것이 명명백백한데, 어떻게 그런 하나님을 가지고 천지를 창조했다고 표현할 수 있겠는가?

　엄밀히 말하면 하나님이란 이스라엘의 신화적 개국 할아버지, 즉 한국의 단군 할아버지와 격이 똑 같다는 사실을 알아야 한다. 남의 나라 할아버지를 놓고 아버지 하나님이라고 부르는 것은 남의 아버지를 놓고 아버지, 아버지 하는 것과 다름없다.

　딴 나라 사람들이 우리 단군 할아버지를 놓고 아버지, 아버지 하며 자기들 조상인 것처럼 부르는 것과 무엇이 다른가?

　<인류의 조상을 찾아서>라는 유전학적 문화인류학적 연구

결과에 의하면 이브(女)가 아담(男)보다 적어도 14만년의 시차를 앞서서 태어났다는 것이다. 성경에서 아담의 갈비로 이브를 만들었다는 것도 아이들이 읽는 만화적 우화에 불과한 얘기다. 천지창조? 그것도 교회 유치부에서나 할 애기다.

(3) <하나님 아버지>

결론부터 말하면 하나님은 우리의 아버지가 아니다. 우리의 아버지가 될 수가 없다. 성경에 의하면 하나님은 오로지 예수의 아버지일 따름이다. 왜냐하면 예수는 하나님의 독생자이기 때문이다.

 성경에 의거해 구명해 보면 이스라엘 백성이 아니면 다른 나라 백성들은 하나님을 결코 아버지라 말할 수 없도록 못을 박아 놓고 있다. 구약에서 하나님의 아들이라는 것은 이스라엘 백성을 지칭했고, 신약에 이르면 그것도 아니고, 오직 독생자 예수만이 하나님을 아버지라 부를 자격이 주어져 있다.

 이 관계를 조금 더 분명히 하기 위해서 우리는 하나님의 국적이 어느 나라인가를 성경에 근거해서 밝혀 볼 필요가 있다.

 신화 속의 모든 신은 국적이 있다. 마찬가지로 하나님을 이해하는 데 있어서 가장 먼저 알아야하는 것은 그의 국적이 어디인가를 알아야 하는 것이다. 그의 국적을 방증으로 알기 위해서는 그의 아들이 어느 나라 사람인가를 알면 그의 국적은 저절로 명백해 지는 것이다. 그러면 하나님의 아들은 누구이며, 어느 나라 사람인가를 알아보자.

구약에서는 하나님의 아들이라는 뜻이 가장 명확하게 나와 있는 것이 다니엘서 3장 25절 한 곳뿐인데 아랍어의 단수(G426. g1247) 바르엘하임으로 표기되어 있고, 그 뜻은 하나님의 사자란 뜻이다(성경사전).

그 외에 복수로 기록되어 있는 경우에는 이스라엘 백성과 왕들을 가리키는 뜻이다. 신약에서는 단수로 45회 사용되고 있는데 그 중 눅33;38절에서 아담을 가리키는 외에는 모두 예수 그리스도를 가리키고 있을 뿐이다.(마16;16/막5;7/ 눅1;35/요1;34/행9;20/롬1;4/갈2;20/히4;14). 다만 요1;12절에서 예수 믿으면 하나님의 자녀가 되는 권세는 주어지지만, 하나님의 아들이 되는 것은 아니다. 또 한 구절 롬14;17절에 기대해 봐도 아들의 영(靈)에 의해서 그를 통해 '아바, 아버지라 부르는 것이 허용된다고' 적혀 있으나 이 역시 우리가 하나님의 아들이 된다는 뜻은 아니다. 이처럼 구약, 신약을 통틀어 봐도 외아들 예수 그리스도만이 하나님의 친자이기 때문에 우리 인간들은 죽었다 깨어나도 하나님의 아들이 될 수가 없다. 이것은 다른 말로 하나님의 국적은 이스라엘이며, 이스라엘 외의 세계 인류는 하나님과 족보상 아무런 인연도 없다는 뜻이다. 그러기 때문에 이스라엘 사람이 아니면서 사도신경을 외운다면서 <하나님 아버지>라고 하는 것은 말도 안 되는 것이다.

(4) <그 외아들 예수 그리스도를 믿사오니>

이 우주와 억조창생 온 인류와 생명을 창조했다는 하나님이 억만년 동안 자식 하나 없다가 겨우 2,000년 전에야 외아들 예수

하나 만을 가졌다는 사실 자체가 웃기는 우화에 불과하다. 한 나라가 이웃 나라를 점령해서 통치 하기 위해서는 자국 백성을 몇 만, 몇 십만 명이나 파견하는 법인데, 무형의 하나님이 온 우주를 다스리기 위해 달랑 외아들 하나 만을 만들고, 게다가 또 "독생자 예수를 통하지 않으면 하나님께로 갈 수가 없다."고 못 박고, 천국에 가는 것은 낙타가 바늘구멍을 통과하는 것만큼이나 어렵다고 했다. 도대체 하나님은 인류를 구원하겠다는 것인지, 말겠다는 것인지 도통 알 수 없게 만들었다. 서구, 특히 미국의 많은 신학자, 철학자들은 이 한 구절로 인해 교회와 등지고 무신론자로 돌아선 학자가 엄청 많다.

그 대표적으로 미국의 가장 유명한 부흥강사 빌리 그래함(BILLY GRAHAM)과 신학교 동창으로 한 때 빌리 그래함의 동역자이었다가 나중에 구약을 읽고 환멸하여 대표적 반기독교 신학자로 돌아선 찰스 템플턴(CHARLES TEMPLETON)에 의하면 지구 전 인구의 80% 이상이 하나님 외에 약 300개의 신을 믿고 있으며, 토속 민족의 민속적 신까지 합치면 지구상에는 3,000개 이상의 신이 있는데, 오로지 예수 그리스도 하나 만을 믿어야 구원 얻는다는 것은 말도 안 된다는 것이다.
　그리고 인류사에서 사망의 대부분은 영아사망과 예수라는 말조차 들어보지 못한 인간이 대부분인데, 예수 하나 만을 믿으면 천당 가고, 예수 안 믿으면 지옥 간다는 교리를 가지고 어떻게 인류를 구원하겠다는 것이냐고 하면서 기독교는 결코 인류 구원의 종교가 될 수 없다고 못 박고 있다.

 1893년 세계종교의회(World Parliament OF Religion)에서는 자기만 옳고 다른 사람들을 죄인이라고 하는 그 자체가 진짜 죄라고 선언 한 바도 있다. (The real sin is to call someone else a sinner.) 매주 교회에 가서 눈감고 머리 숙여 이런 구절을 소리 내서 주장하는 사이에 기독교인들은 자기도 모르게 스스로 독선적 인격과 성품을 지니게 되는 나머지, 남도 선하다는 생각을 할 마음의 틈바구니를 막아버리고 있는 것이다. 사도신경은 외우면 외울수록 인격과 인간성이 파괴된다는 사실을 깨달아야 한다.

(5) <이는 성령으로 잉태하사 동정녀 마리아에게 나시고>
이 말은 솔직히 임신과 출산의 의학적 상식을 전혀 알지 못하던 옛날 호랑이 담배 태울 때의 인간들에게 우화적으로 예수를 신격화하기 위해서 서술한 기록일 따름이다. 아이들이 "엄마, 나 어디서 났어?" 하고 물으면 다리 밑에서 주워 왔다고 설명 하는 것과 비슷한 얘기 꺼리이다.
이 점에서는 그야말로 개신교보다 천주교가 더더욱 미개하고 어거지이며 예수보다 그 엄마인 마리아를 더욱 신성시 하는 것도 말이 안 된다. 바티칸에서는 8월 15일을 성모 마리아가 육신과 영혼이 함께 부활 승천했다 해서 소위 성모 승천 기념일로 지정해서 기념행사를 하고 있다. 마리아가 예수를 성령으로 잉태하지 않았다는 것은 성경의 여러 구절이 밝히고 있지 않은가! 마13;55~56 절을 보면 예수는 야고보, 요셉, 시몬, 유다 등 남동생 네 명과 그 누이들 (성경에서는 남존여비사상으로 남자들의 이름은 적고 있지만 여성은 비하하기 때문에 몇 명인지 그 숫자나 이름도 밝히지 않는 것이 상례)도 여럿 있었다고 밝히고 있다. 그리고 요7;5절에 보면 그 형제들이라도 예수를 믿지 아니함 이러라고 적고 있다. 한편, 마12;47~50절을 보면 예수 자신이 "누가 내 모친이며 내 동생들이냐" 하면서 자기 모친과 동생들을 부정하는 장면도 나타난다. 자기를 성령으로 낳아 준 엄마를 부정하고, 또 자기들 형이 성령으로 난 것을 뻔히 알아야 할 동생들조차 예수를 믿지 아니 하였으니, 성령으로 잉태해서 예수를 낳았다는 건 우화일 뿐이라는 사실이 들어나는 것 아닌가.

    신약외경에 보면 마리아는 14세에 늙은 홀아비 요셉과 결혼해서 16세 때 예수를 처음 낳았고, 그 후 계속해서 아들 넷과 딸들을 낳은 것이다. 그 당시는 이스라엘이 로마의 지배하에 있어서 로마군인들이 이스라엘 여성들을 닥치는 대로 겁탈을 했기 때문에 서둘러 짝을 지어주려고 조혼이 관례가 되었었다. 그런데도 예쁘장하면 기혼 여성도 마구 겁탈하기도 하였던 것 같다.

『성혈과 성배』라는 책자를 보면 예수가 처음 났을 때, 한 때 로마군 장교 판테라의 아들이라 해서 예수의 이름이 판테라로 불렸었다는 기록도 있다.

역시 신약외경에서 보면 예수의 부친 요셉은 아마도 집을 짓는 대목수였던 모양이다. 요셉이 집을 짓기 위해 반년 이상 집을 비우고 돌아와 보니 마리아의 배가 부른 것을 보고 "네가 어찌하여 집안 망신을 시키고 있느냐? 내가 오랫동안 집을 떠나 있었는데 네가 어찌하여 배가 이토록 불렀느냐?"고 젊은 아내를 다그쳤는바 마리아는 결코 허물이 없다고 주장하여 끝내 그런대로 넘어간 일이 외경에 기록되어 있다. 이런 사연으로 생겨난 것이 소위 성령으로 잉태했다고 둘러댄 얘기일 수 있다.

(6) <본디오 빌라도에게 고난을 받으사 십자가에 못 박혀 죽으시고, 장사한 지 사흘 만에 죽은 자 가운데서 다시 살아나시며>

기독교 신앙 중에서 바로 이 부분이 핵심적 신앙이다. 옛날에 과학이라는 것이 무엇인지 전혀 센스가 없을 당시는 이와 같은 우화가 제법 그럴싸하게 신화적 에피소드로 통할 수 있었고, 또 그렇게 믿을 수도 있었다. 그러나 오늘 날 이 대명천지에서 이걸 주일마다 달달 외우면서 내심 깊이 정말로 신앙하는 신도들 마음

한 구석에 찜찜한 구름이 전혀 없지는 않을 것이다. 현대 과학 교육을 받은 사람들인데도 불구하고 꽉꽉 믿는다는 얘기의 핵심이 바로 이 부분인 것이다.

그러나 인터넷에서 『성혈과 성배』를 검색해 보면 예수는 십자가에서 죽은 것이 아니다. 아리마태 요셉(막달라 마리아의 오빠)을 통해서 빌라도 총독에게 상당한 뇌물을 바치고 (이 두 사람 간에는 뇌물을 주는 통로로 되어 있었다고 한다), 다른 사람에게 예수의 옷을 입혀서 대리로 십자가에 못 박게 하고, 그러는 동안 예수와 막달라 마리아는 로마군의 호위 아래 프랑스로 피해 갈 수 있었다는 것이다.

『성혈과 성배』의 내용은 이렇다. 영국 BBC 방송의 엘릿트 기자 3명이 십여 년간의 집중적, 과학적 취재결과 예수는 십자가에 죽은 것이 아니라, 위에서 말한 대로 프랑스로 피신하여 막달라 마리아와의 사이에서 수많은 후손을 두어 (큰아들 이름은 유다), 현재도 프랑스 전역에 예수의 후손들이 8대 종중을 이루어서 생존하고 있다.

그 후손의 한 사람은 현재 파리 루부르 박물관의 관장으로 재직하는 등 유명한 인사들도 많은데, 이들은 모두 예수의 후손이라는 족보도 지니고 있다는 것이다. 그리고 예수의 묘가 프랑스 남부 렌느 르 샤또에서 수 km 떨어진 야산 (몽 카루두)에 실존하고 있다. 이런 내용이 방송되자 기독교와 천주교가 합세해서 영국 법원에 BBC와 그 세 기자를 고발해서 오랜 시간 여러 과정의 재판을 거쳐 영국 대법원까지 상소되었다. 그 대법원의 담당 판사는 3대째 독실한 기독교인으로서 그 방송의 내용이 모두 사실이 아니기를 바라는 마음을 가지고 취재 보도된 내용을 샅샅이 검증하였는바, 방송의 모든 내용이 진실로 밝혀져서 그 스스로 신앙적 고통으로 판결을 질질 끌다가 결국 여론의 압력으로 최종 판결을 내리지 않을 수 없었던 것이다. 그 재판이 종결된 해가 1982년, 실로 근자의 일이다.

   이 사실이 알려지자 영국의 기독교와 천주교 신자 중 80%가 그 해에 개종하거나 무신론자로 돌아서고, 교회는 목회자도 신자도 없이 텅텅 비어서 교회 건물들이 다른 용도로 뒤집어 지는 등 사회적 혼란이 야기되어 영국 정부가 즉각적으로 『성혈과 성배』 내용은 물론, 판결 내용도 보도관제를 내린 것이다. 한국도 실은 1982년 2월 22일자로 동아일보를 위시해서 중심적인 언론들이 비교적 크게 보도했으나 그 당시 한국 교계에서는 사탄들의 작용 정도로 치부해버리고 은근 슬쩍 흘려버려 한국의 신도들 중에서는 소요가 없이 오늘날 까지도 지구상에서 기독교가 하나둘 사라지고 있는 현실을 전혀 모른 채, 아직도 예수가 십자가에 못 박혀 죽었다가 다시 살아난 것으로 굳게 믿고 있는 것이다.

그러나 현대 사회는 각종 통신 수단이 발달되어 진실과 진리를 오랫동안 숨겨 놓을 수는 없으며, 어떤 계기로 『성혈과 성배』의 내용이 다시 문제로 등장하는 날 한국도 일시에 기독교가 침몰하는 순간이 올 것이다. 남들이 하나 둘 모두 예수를 버리고 사라진 후 혼자 끝까지 남아 있다가 부끄러움을 당하는 일이 곧 올 것으로 여겨진다. 진리와 진실은 빨리 깨달을수록 현명하다.

(7) <하늘에 오르사 전능하신 하나님 우편에 앉아 계시다가>

사도신경은 분명히 땅이 평평하다고 믿는 지평설 당시에 만들어진 것이 분명하다. 지구의 자전과 공전을 모르는 어두운 미개 시절, 땅은 평평하고 하늘은 높지만 하늘 어느 지점에 가면 거기에 공간이 있는 걸로 믿었을 것이다. 그리고 예수가 부활 승천했다고 할 수밖에 없었던 사정은 바로 위에서 지적했다시피 예수는 십자가에서 죽지 않고 파리로 피신해서 예수의 시신이 있을 턱이 없고 보니 하늘나라로 승천했다고 둘러 댈 수밖에 없는 상황이었을 것이다. 4월 달의 이스라엘 기후라면 사람이 죽어서 3일이 지나면 적어도 내장이 다 썩었을 것이고 성경대로라면 십자가상에서 출혈을 엄청 했기 때문에 도저히 살아날 수가 없는 것이지만 시신이 없으니 하늘나라로 승천했다고 둘러 댈 수밖에 없었을 것이다. 지금 세상에서는 어린 아이에게 그렇게 둘러대 가지고는 믿거나 속지 않겠지만, 2,000년 전 몽매한 시절에는 그런 어거지 우화같은 변명이 통할 수 있었던 모양이다.

　나는 아주 오래 전에 아주 보수적인 어느 목사님과 토의한 적이 있다. 예수님이 그 옷을 입은 채로 승천했다면 아직도 그 옷을 입고 있는가 했더니 그렇단다. 예수가 승천할 당시만 해도 수염이 엄청 길었는데 지금 쯤 그 수염은 얼마나 자랐는가 하고 물으니 하늘나라에서는 먹지 않기 때문에 그 수염이 자라지 않고 그대로 있으며 재림할 때도 그 수염 그대로 온다고 강력히 주장하는 것이었다. 이쯤 되면 신앙이라기보다 어거지 미신이라 표현하는 것이 합당하지 않을까.

(8) <저리로서 산 자와 죽은 자를 심판하러 오시리라>

이 표현은 다소 어리둥절한 면이 없지 않다. 산자와 죽은 자를 영적으로 구분한 다는 건지, 그 뜻이 애매하다. 그러나 영어 성경을 보면 그 뜻이 분명하다. 즉 로마서 14장 8절과 9절을 보면 "If we live, we live to the Lord; and if we die, we die to the Lord. So, whether we live or die, we belong to the Lord. For this reason, Christ died and returned to life so that he might be the Lord of both the dead and the living." 예수는 살아 있는 사람들만의 주가 아니고, 죽은 자들의 주이기도 하시기 때문에 예수가 재림하면 그 당시 살아 있는 사람들 뿐 아니라 억만년 전에 죽은 자들 까지도 살아생전 예수를 잘 믿었는지 어쩐 지를 심판해서 예수를 옳게 믿은 자들은 천국으로 보내고, 예수를 안 믿은 자들은 지옥으로 보낸다는 뜻이 된다. 정말 웃긴다기보다 어이없는 난센스다. 지금 이 순간의 지구 인구만도 70여 억인데 앞으로 언제 올지는 모르나 지구 인구는 계속 늘어나고 있고, 또 지구 인구 중 예수라는 이름을 들어보기만이라도 한 사람은 단 7억도 안 된다. 게다가 억만년 동안 이 지구를 다녀간 인구는 현대 수학으로도 도저히 그 수를 헤아릴 수도 없거니와 옛날 인간의 죽음은 대부분이 영아 사망이라서 말도 배우기 전에 죽었는데 그들에게 예수 안 믿었다고 지옥으로 심판한다면 정말로 어이없는 얘기다. 지금 이 순간도 예수를 골똘히 믿는 사람들에게는 이런 설명이 모두 악마의 소리 정도로 저주스럽게 들리겠지만, 잠깐 이성과 양심을 가지고 냉철하게 숙고해 보는 것이 유익할 것이다. 사도신경야말로 정말 미신 중의 미신이고, 만화 치고도 너무 유치한 수준이다. 예수와 하나님이 제아무리 초능력을 가지고 전지전능하다 할지라도 2천 년 전 예수가 재림해서 살아 있는 사람들

뿐 아니라 죽은 사람들까지도 심판해서 천국과 지옥으로 양분해서 수용한다는 것이 어찌 가능하겠는가.

(9) <성령을 믿사오며>

사도신경 자체가 워낙 미신적이고 일관되지 못하기 때문에 그 내용이 왔다 갔다 하는 면이 없지 않다. 예수가 육신부활 했다고 해놓고는 여기서는 또 성령을 끌어드리고 있다. 기독교 신앙에 성부 성자 성신 삼위일체를 믿기 때문에 그런 의미에서의 성령이라면 이 대목은 굳이 비판할 필요는 없다고 본다.

(10) <거룩한 공회와 성도가 서로 교통하는 것과>

사도신경 전체에서 흠잡을 것 없는 유일한 문구가 바로 이 한 구절뿐이다. 교회는 주님의 몸된 교회라 하듯 정기적으로 신자들이 공동집회와 교분을 나누는 것은 바람직한 일이다.

(11) <죄를 사하여 주시는 것과>

세상에서 일주일 내내 할 짓 다해 놓고, 일요일 하루 교회 나와서 머리 숙여 사도신경 좔좔 암송한다고 죄를 사해 주면 정말로 얼마나 좋은가. 일주일에 한번이라도 꺼림칙한 마음의 찌꺼기를 청소하는 기분을 느낄 수 있어서 이 대목은 아마도 힘주어서 암송하는 신도가 적지 않을 듯싶다. 그렇게라도 죄 사함을 받으니 얼마나 좋은가. 바로 이런 것이 구원인지도 모르겠다.

(12) <몸이 다시 사는 것과 영원히 사는 것을 믿사옵나이다>
지금 현재 지구는 이미 만원이다. 약 70억 인구가 오늘도 살고 있는데 매일 약 1억 내외의 새 생명이 태어나고 또 거의 그 수에 가까운 인구가 죽고 있다. 그런데도 지구는 포화상태인데다 특히 후진국의 인구가 더 많이 태어나는데 비해서 현대 공중위생의 혜택은 널리 퍼지기 때문에 적게 죽는다. 더 이상 이 지구는 추가 인구를 수용할 수없는 한계에 도달한지 오래다. 그런데, 뭐라고?

몸이 다시 살아나는 것을 믿어? 또 게다가 영원히 사는 것을 믿어? 그것은 결코 축복이 아니라 재앙이라는 사실을 알아야 한다.

그리고 죽었던 생명들이 예수 재림 때 모두 다시 살아난다면 그 어린 젖먹이들을 누가 돌볼 것이며, 억조창생 죽어서 흙먼지 부스러기로 있던 존재들이 육신을 가지고 살아난다면 지금 우리들 각자가 앉아있는 공간마다 치밀고 올라와서 기왓장 쌓아놓듯 해야 할 판인데. 이성을 잠깐만 살려서 생각해보면 뻔한 것을 신앙이랍시고 "믿사옵나이다." 만 중얼거리면 구원 얻는가?

사도 신경이야말로 모든 신자들로 하여금 마음 따로, 양식 따로, 지성 따로, 정신 따로, 더구나 양심 따로 놀도록 인간을 이중인격으로 만들고, 양심파괴 내지 인격 파괴의 악랄한 도구로 쓰이고 있는 것을 깨달아야 한다. 기독교는 회개해야 한다. 이토록 많은 신도들로 하여금 예배시간 마다 머리 숙이고 눈 감게 해 놓고 미신 중의 미신인 사도신경을 중얼 중얼 암송을 시키면서 그 인격과 양심을 파괴하는 악한 짓을 당장 그쳐야 한다. 성경책 맨 앞장에서 사도신경은 찢어 버려야 한다. 창조주가 지금 인간에게 나타나신다면, 예수가 지금 인간들에게 나타난다면 이 사도신경이야말로 가장 먼저 찢어버리라고 명할 것이 틀림없다.

심리학에 의하면 인간의 혀는 묘한 기능을 가지고 있다. 혀를 나불거리면 (tongue lashing) 크게 두 가지 기능을 한다는 것이다. 첫째는 사나운 것(odd한 것), 즉 누구를 실컷 욕을 하면 속의 긴장이 상당히 해소된다.(tension reduction). 그런가 하면 혀를 굴려서 글을 반복해서 음독을 하면 그 글의 내용이 자기의 생각으로 내면화되는 묘한 기능이 있다.

이것을 심리학에서는 verbalization이라 하는데 자기주장과 반대되는 내용이라도 반복해서 말로 중얼거리면 그 내용이 내면화한다(internalization). 이것이 반복되면 그 내용이 내면화하면서 자기의 주장처럼 되고 자기 인격의 일부가 되는 기능이 있다.

이런 현상을 포로수용소나, 형무소, 특히 북한과 같은 전체사회에서 사상교육을 위해 상습적으로 써먹고 있는 것이다. 북한에서 자아비판이라는 것도 실은 이와 같은 사회심리학적 기능을 이용해서 인간을 허수아비로 만드는 것이다.

교회에서 예배 시간 시작과 동시에 모두 눈 감기고 통성으로 사도 신경을 소리 내서 외치게 하는 것은 바로 이와 같은 혀의 기능을 이용해서 그 미신 중의 미신인 내용을 신도들 머릿속에 내면화하는 기능을 하게 하는 것이다.

교활한 방법이고 심리학적으로 비윤리적인 방법이다. 교회는 이런 부도덕, 비윤리적 범죄 행위를 즉각 중지해야 한다.

미국 대학에서 사회심리학 600 unit(박사 과정 상급 코스)를 수강하면 학기 첫 시간에 교수가 엄숙하고 엄중한 자세로 "각자 이제부터 공부하는 사회심리학의 원리와 이론은 연구하고 학습은 하되 절대로 현실 세상에서 자기 이득을 위해서 활용하는 것은 비윤리.

비도덕이라는 것을 명심하라."고 주의를 주는 법이다.

참고문헌

조찬선
'기독교 죄악사' 평단문화사(2000)

차준희
'구약신앙과의 만남' 대한기독교서회(2002)

크리스토퍼 히친스 (김승욱 옮김)
'신은 위대하지 않다' 알마(2002)

루드비히 로이엘박하 (강대석 옮김)
'종교의 본질에 대하여' 한길사(2006)

리차드 도킨스 (이한음 옮김)
'만들어진 신' 김영사(2007)

라형택 편찬
'성경사전' 로고스 편찬위원회(2011)

한상인
'최신판 성구사전' 서울말씀사(2003)

김대희
'구약시대의 이스라엘 백성은 지금 이 지구상에 없다', '바이블 속에 숨어있는 살인과 음란' 생각쉼표사(2013)

최동훈
'구약의 하나님은 신약의 하나님이 아니다' 삼인(2011)

이희학
'이스라엘 왕국의 역사' 대한기독교서회(2002)

조봉호
'성경과 고대전쟁' 통독원(2011)

제임스 캐럴 (박경선 옮김)
'동력' (2002)

존 포트만 (서순승 옮김)
'죄의 역사' (주)웅진싱크빅(2008)

댄 브라운 (안종설 옮김)
'다빈치 코드' 문학수첩(2008)

가이 해리슨 (유님성 옮김)
'사람들이 신을 믿는 50가지 이유'
다산북스(2012)

클로드 블리롱 라엘
'우주인의 메세지'
도서출판 메신저(2003)

스펜서 웰스 (채은진 옮김)
'인류의 조상을 찾아서'
말.글 빛냄(2013)

엘마 그루버, 홀거 케르스텐 (홍은진 옮김)
'예수는 십자가에서 죽지 않았다'
아침이슬(2001)

Lee Strobel
'The Case for Faith'
Zondervan(2000)

John G. Jackson
'Man, God, and Civilization'
Citadel Press(1972)

Robert N. Bellah
'The Sociology of Religion, International Encyclopedia of rhe Social Sciences' Free Press(1965)

Michael Argyle, Religious observance
'International Encycropedia of the Social Sciences'
Free Press(1965)

Henry Lincoln, Michael Baigent, Richard Leigh
'The Holy Blood and Holy Grail' BBC(1982)

Charles Templeton
'Farewell to God: My Reaspns for Rejecting the Christian Faith'
Zondervan(2000)

Lee Strobel
'The Case for Faith' International edition(1999) **Lee Strobel**
'The Case for Faith'
International edition(1999)

B. W. Anderson (ed.)
'The Old Testament and Christian Faith, A Theological Discussion
BBC(1982)
(1963)

Crimes of the Christian God